Die reine Wahrheit

Koran und Bibel im Vergleich

Samya Johnson

Die reine Wahrheit

Koran und Bibel im Vergleich

Samya Johnson

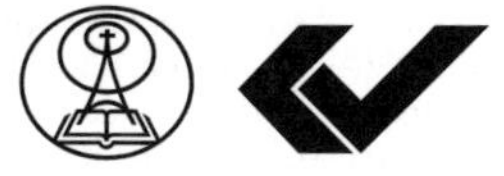

Die reine Wahrheit – Koran und Bibel im Vergleich
Samya Johnson

Originally published in English under the title:
The Simple Truth: The Quran and the Bible Side-by-Side

Cincinnati, OH 45249 USA
calloflove.org

3. Auflage 2024 (Koproduktion)

Verlag Mitternachtsruf, CH-8600 Dübendorf
www.mitternachtsruf.ch
Bestell-Nr. 180198
ISBN 978-3-85810-551-6

Christliche Verlagsgesellschaft mbH, DE-35683 Dillenburg
www.cv-dillenburg.de
Bestell-Nr. 271759
ISBN 978-3-86353-759-3

Übersetzung aus dem Amerikanischen: Friedemann Lux
Umschlag, Satz und Layout: Verlag Mitternachtsruf
Herstellung: ARKA Druck, PL-43-400 Cieszyn
Bildnachweis Titelseite: shutterstock/AliakseiDesign

Bibelzitate folgen, wenn nicht anders bezeichnet, der Schlachter Version 2000, © 2000 Genfer Bibelgesellschaft. Ansonsten werden folgende Übersetzungen zitiert: Lutherbibel 2017 (LUT); Neues Leben Bibel (NLB) (Holzgerlingen: Hänssler, 2005); Neue Genfer Übersetzung, NT und Psal-men, © 2011 Genfer Bibelgesellschaft (NGÜ)

Die Koranzitate sind, sofern nichts anderes angegeben ist, der Koranausgabe der Internetressource www.islamische-datenbank.de entnommen. Ebenfalls aus dieser Ressource stammen die Hadith-Zitate. Weitere verwendete Koranausgaben: Der Koran, übersetzt von Max Henning (Stuttgart: Reclam 1991); Der Koran, Übersetzung von Rudi Paret, 10. Auflage (Stuttgart: Kohlhammer, 2007).

INHALTSVERZEICHNIS

VORWORT DES HERAUSGEBERS

Als jemand, der in Ägypten geboren wurde und die Schule dort besuchte, musste ich von Kindheit an viele Koranverse auswendig lernen. Und das nicht als Teil der Religionsstunde, sondern um in der ganz normalen arabischen Sprache unterrichtet zu werden. – Diese war voll vom Koran. Auch die Geschichtsstunden waren voll von islamischer Historie. So wuchs ich auf mit viel Wissen über den Islam.

Nach etwa fünfzig Jahren wundere ich mich über das neue Gesicht, das der Islam heute zeigt. Inzwischen halte ich zwei verschiedene arabische Koran-Versionen in Händen. Eine besitze ich seit 1972 und die andere bekam ich bei einer Verteilaktion in einer Fussgängerzone im Jahr 2017. Der Unterschied ist frappant. Die neue Variante des Koran ist deutlich abgeschwächt worden. So wurde zum Beispiel die Aussage: «tötet die Ungläubigen», zuweilen ersetzt durch: «predige den Ungläubigen» (siehe weiter unten einige ähnliche Beispiele). Mehrere Koranverse sind völlig verändert worden, und zwar mit der Begründung, dass der Islam ein Buch anbieten will, das der westliche Mensch akzeptieren kann. Der Islam versucht offenbar,

sich den Rechten der Frauen, der Demokratie, usw. anzunähern.

Das Ziel dieses Buches ist es nicht, negativ oder falsch über eine Religion zu sprechen, sondern die reine Wahrheit im Vergleich zwischen dem Glauben im Christentum und im Islam darzulegen. Oft begegne ich Europäern, die meinen, dass Christen denselben Gott anbeten wie Muslime.

Die führenden Köpfe des Islam bieten heute der europäischen Welt eine andere Religion als wir sie im Nahen Osten gekannt haben. Sie gehen klug vor und verwenden neue Methoden. Da der Islam in Europa unmöglich mit dem Schwert und mit Gewalt verbreitet werden kann, werden friedliche Wege gesucht. Zum Beispiel:

Im Islam gilt die Frau als halber Mann. Sie bekommt nur die Hälfte des Erbes. Und vor Gericht ist das Zeugnis eines Mannes soviel wert wie das von zwei Frauen. Im Westen wird versucht, ein anderes Bild zu vermitteln, wonach die Frau auch wirklich gleichwertig mit dem Mann ist. In der Sure «Die Frauen» heisst es allerdings: «Allah schreibt vor hinsichtlich eurer Kinder, dem Knaben zweier Mädchen Anteil zu geben. Sind es aber (nur) Mädchen, mehr als zwei, sollen sie zwei Dritteile der Hinterlassenschaft erhalten. Ist's nur ein Mädchen, soll sie die Hälfte haben ...» (4,11).

Aussagen des Korans werden abgeschwächt. Doch in der Sure «Die Frauen» über Ehefrauen, die widerspenstig sind, wird eigentlich ausgesagt: «warnet sie, verbannet sie in die Schlafgemächer und schlagt sie ...» (4,34). Mit diesem Verständnis sind wir in Ägypten aufgewachsen. Die neue Methode, die nun umgesetzt wird, lautet aber: man spricht nicht darüber, dass die Frau als halber Mann betrachtet wird, obwohl dies eine klare und deutliche Lehre des Koran ist.

Verschwiegen wird auch, dass jemand, der den Islam verlässt, getötet werden soll – was ein islamisches Gesetz ist. Oder: Wer stiehlt, dessen Hände sollen abgehackt werden. Oder: Wenn einer betrunken ist, muss er aus-gepeitscht werden. Das ist bis heute in Saudi-Arabien, im Sudan und im Jemen allgemeingültige Rechtsprechung.

Heute gebrauchen Muslime eher nicht mehr Ausdrücke «Zionist» für jüdische Menschen und «Kreuzritter» für Christen. Interessanterweise wird in manchen Radio- oder Fernsehprogrammen sogar die Benennung des Moderators verändert. Anstatt des echten Namens Ahmed oder Mohammed werden christliche Varianten benutzt. Ein islamischer Moderator nennt sich zum Beispiel Paul. Er gebraucht Ausdrücke, die wir im Islam unser Leben lang nie gehört haben. Zum Beispiel: «lieber Bruder, liebe Schwester.» Und er endet sein Programm mit den Worten: «Der Herr segne euch.»

Hier sehen wir, dass der Islam versucht, manche christlichen Begriffe einzusetzen, um so viele westliche Menschen zu erreichen. Wenn Paul redet, ist im Hintergrund die amerikanische Flagge zu sehen, obwohl dieselbe Fahne in mehreren islamischen Ländern verbrannt wird.

Im Hinblick auf die Zukunft muss ich dennoch sagen, dass trotz dieser Verschönerungen der Dschihad auch nach Europa kommen könnte. Ich denke dabei an das Leben Mohammeds. In Mekka war er ein sehr friedlicher Mensch. Er suchte nach Anerkennung. Er übte Liebe und Grosszügigkeit im Umgang mit den Armen und Waisen, bis er nach Medina umzog. Dort sehen wir einen anderen Mohammed, der voller Gewalt ist. Ohne Erbarmen hat er seine Religion mit dem Schwert verbreitet. Und plötzlich sehen wir, dass die Suren in Medina völlig anders werden als die Koranverse, die in Mekka noch von Frieden sprachen.

So lesen wir zum Beispiel in der Sure «al-Muzzammil», dass Gott zu Mohammed sagt, er solle Geduld mit seinen Gegnern haben (73,10), aber in der Sure «Die Kuh» heisst es über dieselben Leute: «Und erschlagt sie, wo immer ihr auf sie stosst ...» (2,191).

In der Sure «Die Kuh» sagt Gott zu Mohammed, dass er den Islam nicht mit Gewalt verbreiten soll: «Es ist kein Zwang im Glauben» (2,256). Aber in derselben Sure sagt Gott auch: «Und bekämpfet sie, bis die Verführung aufgehört hat ...» (2,193). – Auf Arabisch steht im ursprünglichen Koran: «und tötet sie ...» (وقاتلوهم).

In der Sure «Die Spinne» befiehlt Gott Mohammed, er müsse nicht mit den Christen und Juden streiten und solle ihnen unter anderem sagen: «und unser Gott und euer Gott ist ein einiger Gott, und Ihm sind wir ergeben» (29,46). Und plötzlich, in der Sure «Die Reue», heisst es: «Kämpfet wider jene von denen, welchen die Schrift gegeben ward, die nicht glauben an Allah ...» (9,29). – Und im Arabischen heisst es wieder ursprünglich: «Tötet» (وقاتلوهم).

Da stellt sich die Frage: Was für ein Gott ist das, der seine Rede ändert oder vergisst? Oder was für ein Prophet ist das, der sein Leben ändert, und zwar weg von Liebe und Barmherzigkeit hin zu Gewalt und Blutvergiessen? In der Sure «Die Kuh» steht: «Was Wir auch an Versen aufheben oder in *Vergessenheit* bringen, Wir bringen *bessere* oder gleiche dafür. Weisst du nicht, dass Allah über alle Dinge Macht hat?» (2,106; Hervorhebung hinzugefügt).

Der Koran sagt uns, dass Gott ein ferner Gott ist, der mit den Menschen nichts direkt zu tun hat. Er ist der höchste, und der Mensch bleibt bis zum Tod ein Knecht Gottes. Ausserdem muss ein Knecht diesen Allah, diesen Gott, bitten und zu ihm beten, für ihn fasten, in seinem Namen Almosen geben, und zwar ohne Sicherheit, ob dieser Gott

das Gebet gehört hat oder nicht, ob er dieses Fasten akzeptiert hat oder nicht. So bleibt der Mensch während seiner Zeit auf Erden in Unsicherheit. Dabei muss er aber die fünf Säulen im Islam erfüllen. Diese sind:

1. Das Glaubensbekenntnis bei verschiedenen Gelegenheiten aufsagen, das lautet: «Es gibt keinen Gott ausser Gott und Mohammed ist sein Gesandter.» Es genügt, diesen Satz auszusprechen, um Muslim zu werden. Leider hören wir diesen Ruf heute, wenn andere Menschen getötet werden oder auf Botschaften westlicher Länder Brandanschläge verübt werden oder bei Demonstrationen, infolgedessen viele Geschäfte zerstört und die Waren geraubt werden, oder wenn eine Kirche zerstört oder niedergebrannt wird. Oft erschallte dieser Ruf auch beim IS, wenn ein Mensch verbrannt oder enthauptet wurde. – Gerade dieses Bekenntnis zu verschiedenen Begebenheiten zeigt uns klar und deutlich, dass der Gott des Islam ein Gott der Gewalt ist.

2. Fünfmal täglich beten. Das wird heute weniger von den Muslimen in der Welt praktiziert, da manche Gebetszeiten mitten in die Arbeitszeit fallen. Aber in vielen islamischen Ländern darf ein Muslim seine Arbeitsstelle verlassen, um in der nächsten Gebetsecke oder Moschee zu beten. In manchen Ländern ist es auch ganz normal, dass ein Verkäufer, Taxifahrer oder Beamter nicht an seinem Arbeitsplatz anzutreffen ist, weil er gegangen ist, um zu beten. Diesen Umstand muss man akzeptieren, ohne nach dem «Warum» oder «Wie lange?» zu fragen.

3. Den Monat Ramadan fasten. Die meisten Muslime wissen nicht, was Ramadan bedeutet. Im islamischen Kalender hat ein Monat diesen Namen erhalten. Interessanterweise werden viele männliche Kinder Ramadan genannt. Im Monat Ramadan müssen alle gesunden Männer und Frauen 30 Tage lang fasten und dürfen von Sonnenaufgang bis Sonnenuntergang nichts essen oder trinken. Sie dürfen nicht rauchen, kein Parfüm benutzen, keine Injektionen mit der Spritze annehmen oder Geschlechtsverkehr haben. In islamischen Ländern sind deswegen die Geschäfte und Behörden an Ramadan nur wenige Stunden am Tag geöffnet (manche Ämter beginnen erst um 10 Uhr morgens mit der Arbeit, weil im Ramadan Muslime das letzte Mal gegen 3:30 Uhr nachts essen dürfen). Da in westlichen Ländern auf die Schwächung durch das Fasten keine Rücksicht genommen wird, fasten viele Muslime nur einen Tag lang symbolisch. Reisende, Schwangere und Frauen, die ein Kind zur Welt gebracht haben, fasten nicht; genauso wenig wie Frauen, die ihre Regelblutung haben. Aber das sollten sie dann später nachholen. Man muss offen und ehrlich sagen, dass der Monat Ramadan wenig produziert, aber viel investiert. An und für sich ist Fasten gut und gesund. Doch im Monat Ramadan wird dies verbunden mit dem Verbrauch von Fleisch, Zucker und Nüssen, der nachts am stärksten ist – mehr als das, was man tagsüber in anderen Monaten braucht. Im Ramadan wird deshalb auch am meisten Strom verbraucht.

4. Almosengeld bezahlen. Jeder Muslim ist verpflichtet, einen Teil seines Einkommens zu geben, aber

es muss an Muslime gehen oder an eine islamische Organisation. Leider hören wir heute von so vielen, die mit diesem Geld Geschäfte gemacht haben.

5. Mekka besuchen. Jeder, der gesund ist und Geld hat, muss eine Pilgerreise nach Mekka unternehmen, wie es in der Sure «Al-'Imran» heisst: «In ihm sind deutliche Zeichen – die Stätte Abrahams. Und wer es betritt, ist sicher. Und der Menschen Pflicht gegen Allah ist die Pilgerfahrt zum Haus, wer da den Weg zu ihm machen kann» (3,97). Leider berichten die Medien nahezu jedes Jahr, was für ein Chaos in Mekka herrscht und welche Unfälle dadurch geschehen. Fast jährlich kommen Leute ums Leben, weil riesige Massen durch eine schmale Gasse drängen. Einer stolpert und Zahllose fallen auf ihm. Einmal brach ein Feuer aus, wodurch mehrere Menschen verbrannten. Ein anderes Mal fiel eine Decke auf einen Platz, wo sehr viele Menschen waren. Hinzu kommen diverse Erkrankungen, die durch mangelnde Hygiene verursacht werden.

Dies sind nur einige einfache Fakten, und sie gehören zur reinen Wahrheit, die wir in diesem Buch darlegen wollen. Wenn wir nun die Aussagen der Bibel und des Koran nebeneinanderstellen, werden wir auch den klaren Kontrast zwischen dem Buch der Bücher und einem Buch, in dem doch viele Widersprüche zu finden sind, erkennen.

Dr. E. M. Ghali

EINLEITUNG

Dies ist ein Buch für Christen sowie für Muslime, vor allem für jüngere Leser. Es erhebt nicht den Anspruch, eine vollständige Darstellung der Unterschiede zwischen Christentum und Islam zu sein, sondern will eine erste Orientierung geben. Die verschiedenen Themen werden in alphabetischer Reihenfolge der Stichworte behandelt. Dabei werden jeweils die Aussagen des Korans und der Bibel einander gegenübergestellt.

Ein * vor einem Wort bedeutet, dass es sich hierbei um ein Stichwort in diesem Buch handelt.

Man beachte, dass auch der Islam unterschiedliche Ausprägungen hat. Einige der in diesem Buch dargestellten Praktiken bzw. Lehren werden von manchen Minderheitengruppen innerhalb des Islams womöglich nicht vertreten.

Gerne darf der Leser sich mit Fragen und Kommentaren an die Autorin, Samya Johnson, wenden; ihre E-Mail lautet: info@calloflove.org (englischsprachig).

ABRAHAM

ISLAM

> *Ibrahim war weder ein Jude noch ein Christ, sondern er war Anhänger des rechten Glaubens, einer, der sich Allah ergeben hat, und er gehörte nicht zu den Götzendienern.*
>
> SURE 3,67

- Abrahams Name (arabisch Ibrahim) erscheint 69 Mal im Koran. Der Koran nennt ihn den Freund Allahs.
- Abraham verfasste ein heiliges Buch, das jedoch verloren gegangen ist.
- Er glaubte an Allah und war bereits, bevor der Islam in die Welt trat, ein Muslim.
- Die Muslime betrachten sich als Kinder Abrahams – über seinen Sohn Ismael.

CHRISTENTUM

> *Durch Glauben gehorchte Abraham, als er berufen wurde, nach dem Ort auszuziehen, den er als Erbteil empfangen sollte ...*
>
> HEBRÄER 11,8

- Abraham ist der grösste der Erzväter des Volkes Gottes. Er ist der Vater aller Gläubigen.
- Gott verhiess Abraham Nachkommen, die so zahlreich sein würden wie die Sterne am Himmel.
- Abraham glaubte an den einen wahren Gott, dessen Name Jahwe ist.
- Für den Christen ist Abraham ein Vorbild des Glaubens und Gehorsams.

ABROGATION

ISLAM

Und wenn Wir [Allah] einen Vers anstelle eines (anderen) Verses austauschen – und Allah weiss sehr wohl, was Er offenbart –, sagen sie: «Du ersinnst nur Lügen.» Aber nein! Die meisten von ihnen wissen nicht.

SURE 16,101

- Die Abrogation («Ausserkraftsetzung») ist eine islamische Lehre, nach welcher spätere Verse im Koran frühere Verse aufheben; es gilt der spätere Vers.
- 71 der 114 Suren im Koran sind von dieser Lehre betroffen.
- In den meisten Fällen führen die Aufhebungen zu einer verstärkten Betonung von Gewalt und *Dschihad.
- Muslime, die einen friedlichen Islam vertreten, praktizieren die Abrogation nur eingeschränkt.

CHRISTENTUM

Ihr sollt nicht meinen, dass ich gekommen sei, um das Gesetz oder die Propheten aufzulösen. Ich bin nicht gekommen, um aufzulösen, sondern um zu erfüllen!

JESUS IN MATTHÄUS 5,17

- Das Alte Testament weist durch Prophetien und Verheissungen auf Christus hin.
- Das Neue Testament dokumentiert die Erfüllung dieser Prophezeiungen.
- Jesus kam, um die Prophezeiungen zu erfüllen, und nicht, um Gottes Gesetz abzuschaffen.
- In Gottes Botschaft an uns verläuft ein roter Faden vom 1. Buch Mose bis zur Offenbarung des Johannes.

ADAM

Als dein Herr zu den Engeln sagte: «Ich werde ein menschliches Wesen aus Lehm erschaffen. Wenn Ich es zurechtgeformt und ihm von Meinem Geist eingehaucht habe, dann fallt und werft euch vor ihm nieder.»

SURE 38,71-72

ISLAM

- Adam war der erste Mensch, den Allah erschuf. Er gilt als Prophet.
- Allah befahl den Engeln, Adam anzubeten.
- Adam war 30 Fuss (ca. 91 Meter) gross. Nach ihm wurden die Menschen immer kleiner.
- Allah lehrte Adam die Namen aller Geschöpfe.

Da bildete Gott der Herr den Menschen, Staub von der Erde, und blies den Odem des Lebens in seine Nase, und so wurde der Mensch eine lebendige Seele.

1. MOSE 2,7

CHRISTENTUM

- Gott erschuf den ersten Menschen, Adam.
- Die Engel beten Christus an, der auch der «letzte Adam» genannt wird, aber nicht den Adam des Schöpfungsberichts.
- Adam wurde nach Gottes Bild erschaffen; er hatte eine innige Beziehung zu seinem Schöpfer.
- Gott gab Adam die Aufgabe, die Tiere im Garten Eden zu benennen.

ADOPTION

Und Er [Allah] hat eure angenommenen Söhne nicht (wirklich) zu euren Söhnen gemacht. ... Nennt sie nach ihren Vätern; das ist gerechter vor Allah.

SURE 33,4-5

ISLAM

- Da Mohammed keine eigenen Söhne hatte, adoptierte er einen Sklaven.
- Später schaffte er die «Häresie der Adoption» ab, um die Frau seines Adoptivsohns heiraten zu können.
- Aus diesem Grund adoptieren in aller Welt Muslime keine Kinder.
- Ein Waisenkind, das in einer Familie aufwächst, kann weder dem Namen noch dem Erbe nach zu dieser Familie gehören.

Er hat uns dazu vorherbestimmt, seine Kinder zu sein durch Jesus Christus nach dem Wohlgefallen seines Willens.

EPHESER 1,5 LUT

CHRISTENTUM

- Wenn Menschen adoptieren, widerspiegelt das die Adoption der Gläubigen durch ihren himmlischen Vater.
- Die Adoption in die Familie Gottes gilt für immer.
- Menschen, die Christus nachfolgen, richten sich, wenn sie ein Waisenkind adoptieren, nach dem biblischen Prinzip der Adoption.
- Durch die Adoption wird das Kind in jeder Hinsicht ein vollwertiges Glied der Familie.

BETEN: WIE?

... wenn ihr euch zum Gebet aufstellt, dann wascht euch das Gesicht und die Hände bis zu den Ellbogen und streicht euch über den Kopf und (wascht euch) die Füsse bis zu den Knöcheln.

SURE 5,6

ISLAM

- Die richtige Form ist von entscheidender Bedeutung dafür, ob Allah ein Gebet wertschätzt und annimmt.
- Die äussere Sauberkeit wird mehr betont als die innere Verbindung zu Allah.
- Beim Beten sind bestimmte vorgeschriebene Koranverse aufzusagen.
- Die Gebete sind in korrekt ausgesprochenem Arabisch aufzusagen – egal, welche Muttersprache der Beter hat.

Und wenn du betest, sollst du nicht sein wie die Heuchler; denn sie stellen sich gern in den Synagogen und an den Strassenecken auf und beten, um von den Leuten bemerkt zu werden.

MATTHÄUS 6,5

CHRISTENTUM

- Das Gebet ist nicht an bestimmte Zeiten oder Worte gebunden.
- Das Gebet ist eine Zwiesprache zwischen dem Christen und Gott.
- Christen beten unter der Leitung des Heiligen Geistes und im Namen Jesu Christi.
- Das Gebet ist nicht an eine bestimmte Sprache, einen Ort oder eine Struktur gebunden.

BETEN: WIE OFT?

ISLAM

«Ich bitte dich im Namen Allahs, mir zu sagen: Hat Allah dir befohlen, dass wir fünf Gebete pro Tag und Nacht verrichten sollen?» Der Prophet antwortete: «Bei Allah, ja!».

HADITH SAHIH AL-BUCHARI, NR. 63

- Die fünf täglichen Gebete gehören zu den «fünf Säulen» des Islam. Sie werden nur im Hadith (den Überlieferungen über Taten und Aussprüche Mohammeds) erwähnt, aber nicht im Koran.
- Angeblich konnte Mohammed über Mose bei Allah die Zahl der täglichen Gebete von 50 auf 5 herunterhandeln.
- Laut Mohammed zeigte der Engel Gabriel ihm, wann und wie man die fünf Gebete zu verrichten hat.
- Der Muslim, der mehr als die fünf Gebete verrichtet, erhält eine dementsprechend grössere Belohnung von Allah.

CHRISTENTUM

Freut euch allezeit! Betet ohne Unterlass! Seid in allem dankbar; denn das ist der Wille Gottes in Christus Jesus für euch.

1. THESSALONICHER 5,16-18

- Laut der Bibel ist das Gebet ein normaler Bestandteil im Lebens eines Christen.
- Jesus gab während seines irdischen Lebens viele Beispiele dafür, wie und wann man beten soll.
- Das Vaterunser zeigt uns beispielhaft, wofür Christen, die mit ihrem himmlischen Vater reden, beten sollen.
- Die Bibel fordert uns auf, in jeder Lebenslage zu beten.

BETEN: WARUM?

Haltet die Gebete ein, und (besonders) das mittlere Gebet, und steht demütig ergeben vor Allah.

SURE 2,238

ISLAM

- Beten ist eine Pflicht jedes Muslims.
- Es ist Ausdruck der Unterwerfung unter Allah, aber gibt dem Muslim keine persönliche Beziehung zu Allah.
- Das Beten gilt als gute Tat.
- Es dient auch dazu, einige der bösen Taten eines Muslims auszulöschen.

Sorgt euch um nichts; sondern in allem lasst durch Gebet und Flehen mit Danksagung eure Anliegen vor Gott kundwerden.

PHILIPPER 4,6

CHRISTENTUM

- Das Gebet ist zentral in der persönlichen Beziehung des Christen zu seinem himmlischen Vater.
- Christen beten, um Gott zu loben, zu preisen und zu verherrlichen.
- Durch das Gebet werfen sie auch ihre Sorgen auf Gott, der ihr Herr ist.
- Das Gebet ist auch eine Methode, zu hören, was Gott einem zu sagen hat.

DIE BIBEL

... glaubt an Allah und Seinen Gesandten und das Buch, das Er Seinem Gesandten offenbart und die Schrift, die Er zuvor herabgesandt hat.

SURE 4,136

ISLAM

- Allah befiehlt den Muslimen, die Autorität des Pentateuchs (also 1. bis 5. Mose), der Psalmen und des *Evangeliums anzuerkennen.
- Isa (*Jesus) kam, um das, was Allah Mose geoffenbart hatte, zu bestätigen.
- Mohammed riet seinen Anhängern, im Zweifelsfall die «Schriftbesitzer» (d.h. Juden und Christen) zu befragen.
- Die islamische Theologie lehrt, dass Teile der Bibel im Laufe der Zeit verfälscht worden sind.

... aber das Wort des Herrn bleibt in Ewigkeit. Das ist aber das Wort, welches euch als Evangelium verkündigt worden ist.

1. PETRUS 1,25

CHRISTENTUM

- Die heutige Bibel ist die gleiche wie die des 7. Jahrhunderts, als der Islam aufkam.
- Die Bibel ist von Gott inspiriert und in sich widerspruchsfrei und exakt.
- Der allmächtige Gott selber bewahrt seine eine grosse Botschaft an die Menschen.
- Geschichte und Archäologie dokumentieren und bestätigen die Bibel.

DAS BÖSE

Und sie [die Ungläubigen] schmiedeten Ränke, und (auch) Allah schmiedete Ränke; und Allah ist der beste Ränkeschmied.

SURE 3,54

ISLAM

- Allah ist der grösste Betrüger.
- Er lässt Menschen völlig willkürlich irregehen.
- Wen er böse machen will, dem flösst er das Böse ein.
- Es ist Allah, der die Menschen dazu treibt, zu sündigen.

Gott ist nicht ein Mensch, dass er lüge, noch ein Menschenkind, dass ihn etwas gereuen würde.

4. MOSE 23,19

CHRISTENTUM

- Gott betrügt nicht; er ist die Wahrheit.
- Gott kann nicht zum Bösen versucht werden und er versucht auch niemanden zum Bösen.
- Gott liebt die Sünder und sehnt sich danach, dass sie zu ihm kommen.
- Gott ist Licht und nur Licht; in seiner Gegenwart gibt es keine Finsternis.

DREIEINIGKEIT

Darum glaubt an Allah und Seine Gesandten und sagt nicht ‹Drei›. Hört auf (damit), das ist besser für euch! Allah ist nur ein Einziger Gott.

SURE 4,171

ISLAM

- Der Allah des Islam ist strikt nummerisch betrachtet Einer.
- Der Koran behauptet, dass die Christen an drei separate Götter glauben: Gott, Maria und Jesus.
- Die Muslime sind aufgefordert, die Menschen, die an drei Götter glauben, zu korrigieren und zu ermahnen.
- Die Muslime lehnen die Lehre von der Dreieinigkeit als gotteslästerlich ab.

So geht nun hin und macht zu Jüngern alle Völker, und tauft sie auf den Namen des Vaters und des Sohnes und des Heiligen Geistes ...

MATTHÄUS 28,19

CHRISTENTUM

- Gott der Herr ist seinem Wesen nach einer.
- Der dreieinige Gott der Bibel ist der Vater, der Sohn und der Heilige Geist.
- Die Bibel lehrt, dass Gott drei Personen in einer ist – gleichzeitig und ständig.
- Die vollkommene Liebe und Einheit des dreieinigen Gottes ist ein Vorbild für die Einheit und Liebe, die den Glauben der Christen ausmachen.

DSCHIHAD (ALS HEILIGER KRIEG)

Vorgeschrieben ist euch zu kämpfen [dschihad], obwohl es euch zuwider ist. Aber vielleicht ist euch etwas zuwider, während es gut für euch ist ...

SURE 2,216

ISLAM

- Der Dschihad (heiliger Krieg) ist für den Muslim kein Extra, sondern ein Gebot Allahs.
- Der Dschihad ist der Kampf für die Sache Allahs; es geht um den Schutz und die Ausbreitung des Islam.
- Der Dschihad richtet sich gegen jeden Nichtmuslim.
- Alle «Medina-Verse» im Koran (d.h. die Verse, die Mohammed in den späteren Jahren seines Lebens, als er sich in Medina aufhielt, geoffenbart bekam) sehen im Dschihad eine Verpflichtung zum heiligen Krieg.

Rächt euch nicht selbst, Geliebte, sondern gebt Raum dem Zorn [Gottes]; denn es steht geschrieben: «Mein ist die Rache; ich will vergelten, spricht der Herr.»

RÖMER 12,19

CHRISTENTUM

- Die Bibel sieht im Krieg kein Mittel zur Verbreitung der Botschaft von Gott.
- Im Alten Testament war der Krieg für Gott eine bittere Notwendigkeit, um die Sünden der Völker zu bestrafen.
- Dagegen war er zu keinem Zeitpunkt ein Mittel, um Menschen oder bestimmte Völker zu verherrlichen oder andere Nationen auszuplündern.
- Jesus ruft seine Anhänger dazu auf, ihre Feinde zu lieben und für ihre Verfolger zu beten.

DSCHIHAD (ALS INNERES BEMÜHEN)

Und müht euch für Allah ab, wie der wahre Einsatz für Ihn sein soll. … So verrichtet das Gebet, entrichtet die Abgabe und haltet an Allah fest.

SURE 22,78

ISLAM

- Das arabische Wort *dschihad* bedeutet «äusserste Anstrengung» oder «Streit».
- Es hat einen breiten Bedeutungsumfang, der von den inneren und körperlichen Konflikten, die der einzelne Muslim durchlebt, bis zum aktiven kriegerischen Einsatz für die Sache des Islam reicht.
- In seiner friedlichen Variante ist der Dschihad das aufopferungsvolle körperliche und seelische Streben des Muslims, Allah zu gefallen.
- Beispiele für den friedlichen Dschihad sind u.a. Beten, Fasten, Pilgerfahrten und das Lesen des Korans.

Diejenigen, die zu Christus Jesus gehören, haben die Leidenschaften und Begierden ihrer sündigen Natur an sein Kreuz geschlagen. Wenn wir jetzt durch den Heiligen Geist leben, dann sollten wir auch alle Bereiche unseres Lebens von ihm bestimmen lassen.

GALATER 5,24-25 NLB

CHRISTENTUM

- Christen versuchen, Christus immer ähnlicher zu werden – die sogenannte «Heiligung».
- Heiligung ist nur dadurch möglich, dass wir uns der verwandelnden Kraft des Heiligen Geistes aussetzen.
- Diese Verwandlung führt unter anderem zu geistlicher Beharrlichkeit und Ausdauer.
- Die Bibel lehrt, dass Menschen, die Christus nachfolgen, ihr Leben lang in seine Schule gehen, nicht aber, dass sie vollkommen sind.

EHE: DEFINITION

Ausgeschmückt ist den Menschen die Liebe zu den Begierden, nach Frauen, Söhnen ... Rassepferden, Vieh und Saatfeldern.

SURE 3,14

ISLAM

- Die Polygamie ist im Islam gang und gäbe. Ein Mann kann eine Ehefrau durch eine andere ersetzen.
- Die Ehe ist ein Eigentumsvertrag zwischen dem Ehemann und dem Vormund der Braut.
- Der Bräutigam hat eine Mitgift zu zahlen, um der Eigentümer seiner Braut zu werden.
- Die Ehe ist für jeden männlichen Muslim eine Pflicht, um die Umma (Gemeinwesen, Gesellschaft) des Islam zu verbreiten.

Die Ehe soll von allen in Ehren gehalten werden und das Ehebett unbefleckt; die Unzüchtigen und Ehebrecher aber wird Gott richten!

HEBRÄER 13,4

CHRISTENTUM

- Die Ehe ist die Verbindung eines Mannes mit einer Frau.
- Sie ist ein heiliger Bund, der vor Gott geschlossen wird, und nicht eine finanzielle Transaktion.
- Das Fundament der Ehe sind Liebe, Einigkeit und gegenseitige aufopferungsvolle Hingabe.
- Die Bibel hält die Ehe in Ehren, aber gebietet sie nicht. Singles sind in Gottes Augen genauso wertvoll wie verheiratete Menschen.

EHE: POLYGAMIE

... heiratet, was euch an Frauen gut scheint, zwei, drei oder vier. Wenn ihr aber befürchtet, nicht gerecht zu handeln, dann (nur) eine ...

SURE 4,3

ISLAM

- Ein Muslim darf bis zu vier Ehefrauen gleichzeitig haben.
- Der Koran erlaubt darüber hinaus, erbeutete Frauen bzw. Sklavinnen zu Konkubinen zu machen.
- Muslime dürfen befristete Ehen eingehen, um auf Reisen ihre Bedürfnisse zu befriedigen.
- Allah gab Mohammed das Privileg, sich so viele Frauen zu nehmen, wie er wollte.

Er [Jesus] aber antwortete und sprach zu ihnen: Habt ihr nicht gelesen, dass der Schöpfer sie am Anfang als Mann und Frau erschuf und sprach: «Darum wird ein Mann Vater und Mutter verlassen und seiner Frau anhängen; und die zwei werden ein Fleisch sein»?

MATTHÄUS 19,4-5

CHRISTENTUM

- Jesus Christus bekräftigt, was Gott in 1. Mose 2 eingesetzt hat: die Einehe zwischen einem Mann und einer Frau.
- In der Bibel ist die Polygamie eine der Folgen der Rebellion des Menschen gegen Gott.
- In der Ehe werden der Mann und die Frau ein Fleisch. Jegliche zusätzlichen sexuellen Beziehungen sind Ehebruch.
- Gott gewährt Propheten oder Führungspersönlichkeiten keinerlei Sonderprivilegien in der Ehe oder in anderen Dingen.

EHE: BEZIEHUNG ZWISCHEN DEN PARTNERN

ISLAM

Und diejenigen [Frauen], deren Widersetzlichkeit ihr befürchtet, - ermahnt sie, meidet sie im Ehebett und schlagt sie.

SURE 4,34

- Die Ehefrau untersteht ihrem Mann, weil sie ein schwaches Geschöpf ist.
- Sie gilt als Eigentum ihres Mannes, auf einer Ebene mit Gold, Silber, Vieh und Land.
- Sie hat die körperlichen und sexuellen Bedürfnisse ihres Mannes jederzeit zu erfüllen.
- Der Ehemann soll eine Ehefrau, die ihm nicht zu Willen ist, bestrafen, ja schlagen.

CHRISTENTUM

Ihr Männer, liebt eure Frauen, gleichwie auch Christus die Gemeinde geliebt hat und sich selbst für sie hingegeben hat.

EPHESER 5,25

- Der Ehemann soll seine Frau so lieben, wie Christus die Gemeinde geliebt hat, für die er sogar starb.
- Er soll seine Frau so lieben wie seinen eigenen Körper.
- Er darf ihr nicht wütend oder mit Härte begegnen.
- Die Ehefrau ist Partnerin ihres Mannes.

ENGEL UND GEISTER

Und als Wir zu den Engeln sagten: «Werft euch vor Adam nieder.» Da warfen sie sich nieder, ausser Iblis; er gehörte zu den Ginn [Dschinn]. So frevelte er gegen den Befehl seines Herrn.

SURE 18,50

ISLAM

- Dschinn sind mächtige, intelligente Wesen, die für den Menschen sichtbar sein können.
- Sie sind aus Feuer erschaffen. Manche sind gut, andere böse.
- Engel sind geschlechtslose Lichtwesen.
- Engel sind Boten, die Allah vollständig gehorsam sind.

Denn in ihm [Christus] ist alles erschaffen worden, was im Himmel und was auf Erden ist, das Sichtbare und das Unsichtbare, seien es Throne oder Herrschaften oder Fürstentümer oder Gewalten: alles ist durch ihn und für ihn geschaffen ...

KOLOSSER 1,16

CHRISTENTUM

- Engel können Boten Gottes sein.
- Gott benutzt Engel, um seine Kinder zu beschützen und zu retten.
- Engel umgeben den Thron Gottes, in unermüdlichem Dienst und Anbetung.
- Der *Satan und seine Untergebenen sind gefallene Engel, die gegen Gott rebelliert haben.

ERBSÜNDE

Es gibt unter den Menschen keinen Neugeborenen, der nicht bei seiner Geburt von Satan berührt wird ...

HADITH SAHIH AL-BUCHARI, NR. 3431

ISLAM

- «Erbsünde» meint im Koran nur den allerersten Fehler, der durch Adam begangen wurde.
- Adams Fehler betraf nur ihn selbst. Er hatte keine Folgen für seine Nachkommen.
- Die Menschen werden als sündloses unbeschriebenes Blatt geboren, und dann berührt sie der Satan.
- Sünde ist eine äussere Handlung und sitzt nicht im Herzen. Sie kann durch gute Werke und Allahs Barmherzigkeit abgegolten werden.

Denn der Lohn der Sünde ist der Tod; aber die Gnadengabe Gottes ist das ewige Leben in Christus Jesus, unserem Herrn.

RÖMER 6,23

CHRISTENTUM

- Die Sünde kam durch den Ungehorsams Adams und Evas in die Welt.
- Alle Menschen haben das sündige Wesen Adams ererbt.
- Sie werden als Sünder geboren, und der Satan verwendet dies gegen sie.
- Sünde ist Rebellion gegen Gott und führt daher zum Tod.

ERLÖSUNG

Und es gibt keinen von euch, der nicht zu ihr [der Hölle] hinunterkommen würde. Das ist für deinen Herrn entschieden und beschlossen.

SURE 19,71, ÜBERSETZUNG VON RUDI PARET

ISLAM

- Im Hinblick auf die ewige Seligkeit benutzt der Koran das Wort «Belohnung» und nicht «Erlösung».
- Muslime, die gute Taten getan haben, werden mit dem Paradies belohnt; die Bösen dagegen werden in der *Hölle bestraft.
- Die guten und bösen Taten eines Muslims werden auf einer Gerichtswaage gewogen werden.
- Mohammed stellt klar, dass das ewige Schicksal eines Muslims nicht garantiert ist. Alle müssen zuerst durch die Hölle.

Weil Gott so gnädig ist, hat er euch durch den Glauben gerettet. Und das ist nicht euer eigener Verdienst; es ist ein Geschenk Gottes. Ihr werdet also nicht aufgrund eurer guten Taten gerettet, damit sich niemand etwas darauf einbilden kann.

EPHESER 2,8-9 NLB

CHRISTENTUM

- Gottes frohe Botschaft ist, dass wir vom ewigen Tod errettet sind.
- Unsere Erlösung hängt ganz an dem, was Jesus am Kreuz getan hat, und nicht an unseren guten Taten.
- Gute Taten sind eine natürliche Folge des christlichen Glaubens.
- Jesus hat versprochen, dass jeder, der an ihn glaubt, nicht verlorengehen, sondern das ewige Leben bei ihm haben wird.

EVA

O ihr Menschen, fürchtet euren Herrn, Der euch aus einem einzigen Wesen schuf, und aus ihm schuf Er seine Gattin und liess aus beiden viele Männer und Frauen sich ausbreiten.

SURE 4,1

ISLAM

- Im Koran wird Eva nicht erwähnt. In der islamischen Tradition ist sie als «Hawwa» bekannt.
- Laut dem Koran wurde aus ein- und derselben Seele Adam zusammen mit einer Gattin erschaffen.
- Laut Mohammed wurde Eva aus dem krummsten Stück der Rippe erschaffen, was bedeutet, dass sie zerbrechlich ist.
- Für Mohammed war Eva eine Verräterin; wäre sie nicht gewesen, würde keine Frau je ihren Mann betrügen.

Und Gott der Herr sprach: Es ist nicht gut, dass der Mensch allein sei; ich will ihm eine Gehilfin machen, die ihm entspricht!

1. MOSE 2,18

CHRISTENTUM

- Eva gehört genauso wie Adam zum Schöpfungsbericht.
- Weil Adam allein war, erschuf Gott bald eine Gefährtin für ihn.
- Gott erschuf Eva aus einer Rippe Adams. Und er erschuf sie genauso wie Adam, zu seinem Bild.
- Adam und Eva sind beide gleichermassen schuld an dem Sündenfall.

DAS EVANGELIUM

... und Wir gaben ihm [Isa] das Evangelium, in dem Rechtleitung und Licht sind ...

SURE 5,46

ISLAM

- Der Koran lehrt, dass das «Evangelium» das Buch ist, das Allah Isa (Jesus) gab.
- Für Muslime ist Isas Evangelium nicht das Gleiche wie das Neue Testament.
- Das ursprüngliche Evangelium Isas (das auf Mohammed hindeutet) wurde von den Menschen verfälscht.
- Die vier Evangelien in der Bibel sind nicht die wahre Botschaft Isas.

Ich lasse euch aber wissen, Brüder, dass das von mir verkündigte Evangelium nicht von Menschen stammt.

GALATER 1,11

CHRISTENTUM

- Jesus ist das Evangelium – die menschgewordene frohe Botschaft Gottes.
- Das Neue Testament enthält das Evangelium von Jesus Christus.
- Bereits das Alte Testament weist auf Jesus Christus hin, und seine Botschaft hat sich nicht verändert.
- Die wahre Darstellung des Lebens Jesu findet sich in den Evangelien von Matthäus, Markus, Lukas und Johannes.

FASTEN: WARUM?

> *O die ihr glaubt, vorgeschrieben ist euch das Fasten, so wie es denjenigen vor euch vorgeschrieben war, auf dass ihr gottesfürchtig werden möget.*
>
> SURE 2,183

ISLAM

- Das Fasten ist eine der fünf «Säulen» im Islam.
- Die Hauptfastenzeit für Muslime ist der Fastenmonat Ramadan.
- Das Fasten ist von Allah befohlen, als Zeichen der Unterwerfung unter ihn.
- Muslime fasten, um sich zu reinigen und näher zu Allah zu kommen.

> *Und ich wandte mein Angesicht zu Gott, dem Herrn, um ihn zu suchen mit Gebet und Flehen, mit Fasten im Sacktuch und in der Asche.*
>
> DANIEL 9,3

CHRISTENTUM

- Christen fasten, um sich vor Gott zu demütigen und ihm näher zu kommen.
- Fasten ist ein Aspekt des Gottesdienstes und des inneren Wachstums.
- Fasten hilft denen, die Christus nachfolgen, sich auf Gottes Geist und nicht auf ihr natürliches Wesen zu konzentrieren.
- Es ist Jesus Christus, der denen, die an ihn glauben, ihre Sünden vergibt und sie gerecht macht, und nicht die Handlung des Fastens.

FASTEN: WANN UND WIE?

Der Monat Ramadan (ist es), in dem der Qur´an [Koran] als Rechtleitung für die Menschen herabgesandt worden ist ...

SURE 2,185

ISLAM

- Der Ramadan ist der neunte Monat des islamischen Mondjahres; er dauert 28 bis 30 Tage.
- Im Ramadan fasten die Muslime vom Aufgang bis zum Untergang der Sonne. Danach, wenn es dunkel geworden ist, dürfen sie essen und feiern.
- Während des Fastens dürfen sie weder essen noch trinken ...
- ... und müssen auch auf Sex, Rauchen, Lügen und Krieg verzichten.

Du aber, wenn du fastest, so salbe dein Haupt und wasche dein Angesicht, damit es nicht von den Leuten bemerkt wird, dass du fastest, sondern von deinem Vater, der im Verborgenen ist.

MATTHÄUS 6,17-18

CHRISTENTUM

- Ein Christ kann jederzeit für einen bestimmten Zeitraum fasten, wenn der Heilige Geist ihn dazu treibt.
- Die Bibel gibt uns diverse Beispiele dafür, wie man fasten kann.
- Jesus fastete einmal 40 Tage lang, ohne zu essen oder zu trinken.
- Daniel praktizierte 21 Tage lang ein Teilfasten, währendem er kein Fleisch und keine Süssspeisen zu sich nahm.

FRAUEN: IHRE BEZIEHUNG ZU DEN MÄNNERN

Die Männer sind den Weibern überlegen wegen dessen, was Allah den einen vor den andern gegeben hat, und weil sie von ihrem Geld (für die Weiber) auslegen.

SURE 4,34, ÜBERSETZT VON MAX HENNING

ISLAM

- Die Männer stehen über den Frauen, weil Allah es so verfügt hat.
- Die Schwäche der Frauen beruht auf ihren geringeren geistigen Fähigkeiten.
- Frauen können religiöse Dinge nicht so verstehen wie Männer, weil sie von Natur aus undankbar sind.
- Eine muslimische Frau muss in allen Lebensabschnitten einen Vormund haben: ihren Vater, Bruder, Mann oder Sohn.

Und Gott schuf den Menschen in seinem Bild, im Bild Gottes schuf er ihn; als Mann und Frau schuf er sie.

1. MOSE 1,27

CHRISTENTUM

- Männer und Frauen sind in Gottes Augen gleichwertig, weil sie beide nach seinem Bild erschaffen sind.
- Die persönliche Gottesbeziehung einer Frau wird nicht von ihrem Geschlecht bestimmt.
- Frauen können Gott genauso gut und mit den gleichen geistigen Fähigkeiten dienen wie Männer.
- Gott kennt kein Ansehen der Person. Er erwartet von Männern und Frauen die gleiche Reaktion auf seine Botschaft.

FRAUEN: IHRE ERLÖSUNG

ISLAM

> *Und ich warf einen Blick auf das Innere des Höllenfeuers und sah, dass die meisten seiner Bewohner die Frauen sind.*
>
> HADITH SAHIH AL-BUCHARI, NR.53

- Die meisten muslimischen Frauen kommen in die *Hölle.
- Eine Muslima, die ihrem Ehemann gehorcht und ihre Kinder zu guten Muslimen erzieht, hat grössere Chancen, der Hölle zu entkommen.
- Der Glaube einer muslimischen Frau äussert sich vornehmlich in ihrer totalen Unterordnung unter ihren Ehemann.
- Den muslimischen Männern sind viele Freuden im Paradies verheissen, unter anderem schöne Frauen und Huris (unvergängliche Jungfrauen). Für Frauen gibt es keine besonderen Verheissungen für das Paradies.

CHRISTENTUM

> *Da ist ... weder Knecht noch Freier, da ist weder Mann noch Frau; denn ihr alle seid einer in Christus Jesus.*
>
> GALATER 3,28

- Jeder, der an Jesus glaubt, egal ob Mann oder Frau, bekommt ewiges Leben.
- Gott gibt seine Erlösung Männern wie Frauen, allein durch seine Gnade.
- Eine christliche Ehefrau ordnet sich ihrem Mann aus Liebe unter, und nicht aus Angst.
- Frauen sind gleichberechtigte Erben im Reich Gottes.

FRAUEN: WAS IHR ZEUGNIS TAUGT

Und bringt zwei Männer von euch als Zeugen. Wenn es keine zwei Männer sein (können), dann sollen es ein Mann und zwei Frauen sein ... damit, wenn eine von beiden sich irrt, eine die andere erinnere.

SURE 2,282

ISLAM

- Eine Frau ist nicht genauso glaubwürdig wie ein Mann.
- Das Zeugnis einer Frau taugt vor allem deswegen weniger als das eines Mannes, weil die Frau weniger intelligent und verlässlich ist.
- Das Erbteil einer Frau beträgt die Hälfte des Erbteils ihres Bruders.
- Eine Frau kann niemals eine unabhängige, vollwertige Persönlichkeit sein, weil sie von Geburt an ein Mängelwesen ist.

Wenn wir aber Kinder sind, sind wir auch Erben – Erben Gottes und Miterben mit Christus. Dazu gehört allerdings, dass wir jetzt mit ihm leiden; dann werden wir auch an seiner Herrlichkeit teilhaben.

RÖMER 8,17 NGÜ

CHRISTENTUM

- Jesus beauftragte eine Frau (Maria Magdalena), seinen Jüngern von seiner Auferstehung zu erzählen.
- Jesus betrachtet Frauen den Männern als in jeder Hinsicht gleichwertig.
- Christliche Eltern sollten bei der Versorgung ihrer Kinder keinen Unterschied zwischen Töchtern und Söhnen machen.
- Eine Christin ist in Gottes Augen eine vollwertige Person, egal, ob und welche Männer es in ihrem Leben gibt.

GLAUBENSBEKENNTNIS

Ich glaube, dass es keinen Gott gibt als allein Allah und dass Mohammed Allahs Gesandter ist.

NACH SURE 3,18 UND 63,1

ISLAM

- Das Aufsagen des islamischen Glaubensbekenntnisses (der Schahada) ist das Zeichen für den Übertritt zum Islam.
- Der Konvertit muss es auf Arabisch aufsagen, damit Allah es annehmen kann.
- Jeder, der einmal die Schahada gesprochen hat, gilt, sollte er dem Islam je wieder den Rücken kehren, als Ungläubiger und Abtrünniger.
- Die Schahada wird von Muslimen jeden Tag in ihren Gesprächen und Gebeten wiederholt.

Denn wenn du mit deinem Mund Jesus als den Herrn bekennst und in deinem Herzen glaubst, dass Gott ihn aus den Toten auferweckt hat, so wirst du gerettet.

RÖMER 10,9

CHRISTENTUM

- Jemand wird Christ, sobald er glaubt, dass Jesus der Sohn Gottes ist.
- Durch den Glauben empfangen Christen Gottes Geschenk der Erlösung durch Jesus Christus.
- Sie bekennen ihren Glauben, indem sie ihre Sünden bekennen und Jesus als Herrn ihres Lebens annehmen.
- Diejenigen, die Christus verleugnen, sind weiter von Gott geliebt, und er geht ihnen nach.

GOTT

> *Sag: Er ist Allah, ein Einer, Allah, der Überlegene. Er hat nicht gezeugt und ist nicht gezeugt worden ...*
>
> SURE 112,1-3

ISLAM

- «Allah» ist der Name des Gottes des Islam.
- Seine wichtigste Eigenschaft ist, dass er Einer ist (vgl. *Dreieinigkeit).
- Allah ist ein Gott, der sich wandelt. Er ersetzt ältere Anordnungen durch neue, die den älteren widersprechen.
- Allah ist der souveräne Herr, dem sich der Mensch als gehorsamer Sklave unterordnen muss.

> *... der Herr ist unser Gott, der Herr allein!*
>
> 5. MOSE 6,4

CHRISTENTUM

- Der Name Gottes, des Schöpfers, lautet: «Ich bin».
- Der Kern des Wesens Gottes ist aktive persönliche Liebe gegenüber seiner Schöpfung.
- Gott ist derselbe gestern, heute und für immer. Daher verändert sich seine Botschaft nicht.
- Gott ist der himmlische *Vater, der die, die an ihn glauben, einlädt, ihn «Abba – lieber Vater» zu nennen.

GOTTESDIENSTTAG

... wenn zum Gebet gerufen wird am Freitag, dann eilt zu Allahs Gedenken ...

SURE 62,9

ISLAM

- Für Muslime ist der heilige Tag der Woche der Freitag.
- Es heisst, dass die grössten Verse im Koran Mohammed an Freitagen geoffenbart wurden.
- Auch das Jüngste Gericht soll an einem Freitag erfolgen.
- Freitags um 12 Uhr beginnt das Freitagsgebet in den Moscheen, an dem alle muslimischen Männer teilzunehmen haben.

Als er [Jesus] aber früh am ersten Tag der Woche auferstanden war, erschien er zuerst der Maria Magdalena ...

MARKUS 16,9

CHRISTENTUM

- Als Gott die Welt erschaffen hatte, bestimmte er den siebten Tag der Woche zum Ruhetag.
- Jesus bekräftigte, dass die Menschen einen Ruhetag brauchen – nicht als Zwangsgebot, sondern weil es ihnen guttut.
- Für die Christen wurde der Sonntag zum Ruhe- und Gottesdiensttag, weil Jesus an diesem Tag von den Toten auferstanden war.
- Christen (Männer wie Frauen) kommen am Sonntag zum gemeinsamen Gottesdienst mit Gebet, Gotteslob und Gemeinschaft zusammen.

HADITH

> *Ihr habt ja im Gesandten Allahs ein schönes Vorbild, (und zwar) für einen jeden, der auf Allah und den Jüngsten Tag hofft und Allahs viel gedenkt.*
>
> SURE 33,21

ISLAM

- Das arabische Wort Hadith bedeutet «Erzählung», «Bericht».
- Die Hadith-Texte sind Sammlungen der Aussprüche und Taten Mohammeds, seiner Frauen und seiner ersten Anhänger.
- Sie werden zur Auslegung des Korans und zur detaillierten Anwendung der Praktiken des Islams auf alle Aspekte des Lebens benutzt.
- Für die meisten Muslime kommen die Hadith-Texte, was ihre Autorität betrifft, gleich nach dem Koran.

> *... und so hebt ihr mit eurer Überlieferung, die ihr weitergegeben habt, das Wort Gottes auf; und viele ähnliche Dinge tut ihr.*
>
> MARKUS 7,13

CHRISTENTUM

- Die Bibel ist in sich abgeschlossen. Sie enthält alles, was wir für unsere Erlösung und Heiligung wissen müssen.
- Auslegungen, Kommentare und praktischen Anwendungen der Bibel sind nicht Wort Gottes.
- Der Heilige Geist selber hilft den Menschen, die Christus nachfolgen, die eine wahre Botschaft Gottes zu verstehen.
- Die unterschiedlichen christlichen Denominationen haben unterschiedliche Praktiken, aber alle Christen, die sich an die Bibel halten, glauben das, was das Wort Gottes lehrt.

HALAL UND HARAM

Verboten ist euch (der Genuss von) Verendetem, Blut, Schweinefleisch und dem, worüber ein anderer (Name) als Allah(s) angerufen worden ist ...

SURE 5,3

ISLAM

- Halal bedeutet: «von Allah erlaubt, gesetzestreu».
- Haram bedeutet: «von Allah verboten».
- Eine wichtige verbotene Speise ist Schweinefleisch; das Verbot gilt auch für alle Produkte, die auf Schweinfleisch basieren, z.B. Gelatine oder Schmalz.
- Fromme Muslime befolgen diese Speisevorschriften bis ins kleinste Detail.

Denn alles, was Gott geschaffen hat, ist gut, und nichts ist verwerflich, wenn es mit Danksagung empfangen wird.

1. TIMOTHEUS 4,4

CHRISTENTUM

- Das Neue Testament rät dem Gläubigen, eine Speise lieber nicht zu essen, wenn sie einen innerlich Schwachen in Gewissenskonflikte führen würde.
- Im Alten Testament durften die Juden kein Fleisch essen, das Götzen geopfert worden war.
- Jede Speise, die von Gott geschaffen ist, ist gut und sollte nicht abgelehnt werden.
- Jesus hat uns ein Beispiel gegeben, als er mit seinen Jüngern ass, aber auch mit Steuereinnehmern und anderen Sündern.

HIMMEL

Siehe, die Gottesfürchtigen kommen in Gärten und Wonne ... «Esset und trinket und wohl bekomm's – für euer Tun!» . . . und Wir vermählen sie mit grossäugigen Huris.

SURE 52,17.19-20, ÜBERSETZT VON MAX HENNING

ISLAM

- Das Paradies (arabisch Dschanna) ist ein materiell-sinnlicher Ort, der der Befriedigung der körperlichen Bedürfnisse des verstorbenen Muslims dient.
- Er geniesst dort köstliche Speisen und erlesene Weine und wird von Huris (schönen Jungfrauen) und Dienern verwöhnt.
- Die Frauen sind im Paradies voneinander getrennt; jede wohnt in ihrer eigenen «Perlenecke», meilenweit von den anderen entfernt.
- Im Paradies werden die Muslime Allahs Schönheit sehen können, aber er wird nach wie vor unnahbar und unerkennbar sein.

Geliebte, wir sind jetzt Kinder Gottes, und noch ist nicht offenbar geworden, was wir sein werden; wir wissen aber, dass wir ihm gleichgestaltet sein werden, wenn er offenbar werden wird; denn wir werden ihn sehen, wie er ist.

JOHANNES 3,2

CHRISTENTUM

- Der Himmel ist das Haus des himmlischen Vaters.
- Die grösste Freude für einen Christen ist es, für immer in der Gegenwart Gottes sein zu können.
- Im Himmel werden die Menschen den Engeln ähnlich sein; es wird keine Geschlechter mehr geben.
- Im Himmel werden die Gläubigen Jesus in vollkommener, unvorstellbarer Freude anbeten.

HÖLLE

ISLAM

> *Gewiss, Allah hat die Ungläubigen verflucht und für sie eine Feuerglut bereitet, ewig und auf immer darin zu bleiben ...*
>
> SURE 33,64-65

- Es gibt im Koran keine Beschreibung der Hölle, ausser dass sie voller Feuer und Rauch ist.
- Die Bewohner der Hölle seufzen, heulen und sind elend.
- Der Koran lehrt, dass jeder Muslim, bevor er ins Paradies kommen kann, durch die Hölle muss (vgl. *Erlösung).
- Laut dem Hadith muss jeder Muslim nach seinem Tod über ein extrem dünnes Seil gehen, das über die Hölle gespannt ist. Die einen fallen hinunter in die Hölle, die anderen erreichen sicher das Paradies.

CHRISTENTUM

> *Er [Jesus] wird die zur Rechenschaft ziehen, die Gott nicht als Gott anerkennen und nicht bereit sind, das Evangelium von Jesus, unserem Herrn, anzunehmen. Die Strafe, die diese Menschen erhalten, wird ewiges Verderben sein, sodass sie für immer vom Herrn und von seiner Macht und Herrlichkeit getrennt sind.*
>
> 2. THESSALONICHER 1,8-9 NGÜ

- Die Hölle ist das ewige Los derer, die Christus ablehnen.
- Die Bibel beschreibt sie mit Bildern wie Feuer, Schwefel, Heulen und Zähneknirschen.
- Die Hölle ist ein Ort, wo Gott nicht ist; dies bedeutet intensive körperliche, seelische und geistliche Qual.
- Die Menschen, die Christus nachfolgen, kommen dagegen direkt nach ihrem Tod in die Gegenwart ihres liebenden Gottes.

JERUSALEM

> *Preis sei Dem [Allah], Der Seinen Diener bei Nacht von der geschützten Gebetsstätte zur fernsten Gebetsstätte ... reisen liess, damit Wir ihm (etwas) von Unseren Zeichen zeigen.*
>
> SURE 17,1

ISLAM

- Mohammed behauptete, dass Allah ihn auf dem Rücken eines geflügelten Maultieres nach Jerusalem, der «fernsten Gebetsstätte», gebracht hätte.
- Dieses Ereignis, die «Nachtreise» des Propheten, wird in einem einzigen Koranvers erwähnt.
- Im Hadith wird dieser Vers ausgeschmückt: Mohammed fuhr mit Begleitern durch den Himmel und wurde in Jerusalem von Propheten begrüsst.
- Der Anspruch des Islam auf die «fernste Gebetsstätte» (die Al-Aqsa-Moschee) und damit auf die ganze Stadt Jerusalem gründet sich auf diesen einen Koranvers und dessen Auslegung.

> *Bittet für den Frieden Jerusalems! Es soll denen wohlgehen, die dich lieben!*
>
> PSALM 122,6

CHRISTENTUM

- Biblische Lehren gründen sich auf die Bibel als Ganze und nicht auf einen einzigen, aus dem Zusammenhang gerissenen Vers.
- Jesus hat während seines Wirkens auf der Erde Jerusalem oft besucht.
- Jerusalem spielt im Alten wie im Neuen Testament eine grosse Rolle; viele zentrale Ereignisse spielten sich hier ab.
- In der Bibel gibt es zahlreiche Prophetien über die Stadt Jerusalem.

JESUS UND ISA

Siehe, er [Isa] ist nichts als ein Diener, dem Wir gnädig gewesen waren, und Wir machten ihn zu einem Beispiel für die Kinder Israel.

SURE 43,59, ÜBERSETZT VON MAX HENNING

ISLAM

- Der Koran behauptet, dass Isa (der Name meint Jesus) ein blosser Mensch war, den Allah als Propheten gesandt hatte, um seine Botschaft zu bestätigen.
- Isa ist nicht der Sohn Allahs. Im Islam ist die Behauptung, Gott habe einen Sohn, Gotteslästerung.
- Isa heilte die Kranken und konnte Vögeln aus Lehm Leben einhauchen.
- Er wurde nicht gekreuzigt, sondern von Allah gerettet und ins Paradies geholt.

Jesus spricht zu ihr: Ich bin die Auferstehung und das Leben. Wer an mich glaubt, wird leben, auch wenn er stirbt.

JOHANNES 11,25

CHRISTENTUM

- Jesus hat schon vor Beginn der Zeit existiert. Er wurde Mensch, wie im Alten Testament vorhergesagt.
- Jesus ist der *Sohn Gottes – nicht im menschlichen Sinn, sondern durch eine göttliche, ewige Beziehung zu seinem Vater.
- Jesus heilte Kranke, weckte Tote auf und vollbrachte noch viele andere Wunder.
- Jesus starb am *Kreuz, um den Preis für die Sünde zu zahlen. Er besiegte den Tod und stand von ihm auf.

JESUS UND MOHAMMED

> *Was nun der Gesandte [Mohammed] euch gibt, das nehmt; und was er euch untersagt, dessen enthaltet euch.*
>
> SURE 59,7

ISLAM

- Die vollständige Biografie Mohammeds wird nur in sekundären Quellen berichtet.
- Einzelne Begebenheiten aus Mohammeds Leben finden wir detailliert in den Hadith-Sammlungen.
- Der Koran bestätigt an verschiedenen Stellen, dass man Mohammed nicht ungehorsam sein und ihn nicht belügen darf.
- Der Koran stellt Mohammed als perfektes Beispiel dar, wie man den Islam recht praktiziert.

> *Er hat uns ja errettet ... aufgrund seines eigenen Vorsatzes und der Gnade, die uns in Christus Jesus vor ewigen Zeiten gegeben wurde, die jetzt aber geoffenbart worden ist durch die Erscheinung unseres Retters Jesus Christus, der dem Tod die Macht genommen hat und Leben und Unvergänglichkeit ans Licht gebracht hat durch das Evangelium ...*
>
> 2. TIMOTHEUS 1,9-10

CHRISTENTUM

- Die Propheten des Alten Testament haben Jesu Leben vorhergesagt. Das Neue Testament dokumentiert sein Leben auf der Erde.
- Die Bibel berichtet uns Jesu Botschaft, Lehre und Wunder, gibt aber keine Details über sein Alltagsleben.
- Jesus ist nicht bloss ein Glaubensvorbild, sondern selber die Quelle des Glaubens und der Erlösung.
- Man folgt Jesus nicht, weil er ein Prophet war, sondern weil er Gott selbst ist.

DAS KREUZ

Aber sie haben ihn weder getötet noch gekreuzigt, sondern es erschien ihnen so. ... Vielmehr hat Allah ihn zu Sich erhoben.

SURE 4,157-158

ISLAM

- Der Koran lehrt, dass Isa [Jesus] nicht am Kreuz gestorben sein kann, weil er sündlos war.
- Die meisten Muslime glauben, dass Allah Isa vom Tod errettete, indem er ihn direkt ins Paradies holte.
- Andere Muslime glauben, dass die Kreuzigung nachträglich von den Christen erfunden wurde.
- Die Muslime glauben, dass sie Isa Ehre erweisen, wenn sie die Kreuzigung leugnen.

... Christus ist – in Übereinstimmung mit den Aussagen der Schrift – für unsere Sünden gestorben. Er wurde begraben, und drei Tage danach hat Gott ihn von den Toten auferweckt – auch das in Übereinstimmung mit der Schrift.

1. KORINTHER 15,3-4 NGÜ

CHRISTENTUM

- Die Bibel lehrt, dass der sündlose Jesus anstelle der Sünder gekreuzigt wurde.
- Jesus hat sein Leben freiwillig hingegeben. Am dritten Tag nach seinem Tod stand er von den Toten auf.
- Die Kreuzigung Jesu ist auch in säkularen historischen Quellen bestens bezeugt.
- Ohne die Kreuzigung und Auferstehung wäre Jesus nur ein Prophet unter vielen.

KUNST

ISLAM

> *Diejenigen, die Bilder machen, werden am Tag der Auferstehung bestraft. Zu ihnen wird gesagt werden: Macht das lebendig, was ihr geschaffen habt!*
>
> HADITH MUSLIM, NR. 3942

- Mohammed hat den Muslimen das Fertigen von Bildern oder Statuen, die Menschen oder Tiere darstellen, verboten.
- Er lehrte auch, dass die Engel ein Haus, in welchem solche Bilder sind, nicht betreten.
- Die muslimischen Künstler dürfen nur nicht lebendige Dinge darstellen.
- Die islamische Kunst konzentriert sich entsprechend auf Kalligraphie und geometrische Stile.

CHRISTENTUM

> *Und Gott sah alles, was er gemacht hatte; und siehe, es war sehr gut.*
>
> 1. MOSE 1,31

- Gott verbietet das Fertigen von Bildern oder Statuen, die man (als Götzen) anbetet.
- Kunstwerke, die Gott verherrlichen, verschliessen ein Haus nicht für Gottes Gegenwart.
- Christen dürfen gerne ihre künstlerischen Fähigkeiten zur Ehre Gottes einsetzen.
- Die christliche Kunst umfasst viele verschiedene Stile und Formen, darunter auch Statuen und Abbildungen von Personen.

LÜGEN

ISLAM

> *Allah wird euch nicht strafen für ein Unbedachtes in euren Schwüren; jedoch wird Er euch bestrafen für eurer Herzen Absicht.*
>
> SURE 2,225, ÜBERSETZT VON MAX HENNING

- Allah richtet nicht die Worte der Muslime, sondern die Absichten ihres Herzens.
- Laut dem Koran ist Lügen akzeptabel. Er lehrt sogar, wie man für das Brechen eines Eides Schadenersatz leisten kann.
- Ein Muslim darf seinen Glauben verschweigen, wenn dies zum Selbstschutz notwendig ist.
- Mohammed erlaubte das Lügen in drei Situationen: im Krieg, um zwei Gegner zu versöhnen und um Ehekonflikten vorzubeugen.

CHRISTENTUM

> *Es sei aber eure Rede: Ja, ja! Nein, nein! Was darüber ist, das ist vom Bösen.*
>
> JESUS IN MATTHÄUS 5,37

- Die Bibel lehrt, dass Lügen in allen Situationen eine *Sünde ist.
- Die unterschiedlichen Sünden werden nicht nach verschiedenen Massstäben beurteilt; Lügner und Mörder sind in der gleichen Kategorie.
- Jesus lehrt, dass der, der ihn verleugnet, die Trennung von Gott riskiert.
- Lügen sind ein Werkzeug des *Satans, der auch «der Vater der Lügen» genannt wird.

MARTYRIUM

ISLAM

> *Und wer auf Allahs Weg kämpft und dann getötet wird oder siegt, dem werden Wir grossartigen Lohn geben.*
>
> SURE 4,74

- Der Märtyrertod ist ein Mittel, die Religion des Islam auszubreiten und zu schützen.
- Wer für die Sache des Islam gestorben ist, dem ist ein Platz im Paradies garantiert.
- Der Märtyrer erkauft sich den direkten Zugang zum Paradies; Hölle und Gericht bleiben ihm erspart.
- Jeder Muslim hat die Möglichkeit, sich durch das Martyrium die ewige Seligkeit zu sichern.

CHRISTENTUM

> *Denn die Liebe des Christus drängt uns ... er ist deshalb für alle gestorben, damit die, welche leben, nicht mehr für sich selbst leben, sondern für den, der für sie gestorben und auferstanden ist.*
>
> 2. KORINTHER 5,14-15

- Jesus, der Sohn Gottes, hat bereitwillig sein Leben dahingegeben und den Preis für die Sünde gezahlt.
- Beim Martyrium im Sinne der Bibel geht es darum, unter keinen Umständen den Glauben zu verleugnen, und wenn es einen das Leben kostet.
- Christus hat sein Blut vergossen, damit die, die ihm nachfolgen, die absolute Gewissheit haben, dass sie das ewige Leben bei ihm bekommen werden.
- Christen brauchen sich ihre Erlösung nicht durch den Märtyrertod zu verdienen.

OFFENBARUNG, SCHRIFTLICHE

ISLAM

Und Wir haben zu dir das Buch mit der Wahrheit hinabgesandt, das zu bestätigen, was von dem Buch vor ihm (offenbart) war, und als Wächter darüber.

SURE 5,48

- Für die Muslime ist der Koran die endgültige Offenbarung, die Allah der Menschheit gegeben hat.
- Der Koran ist die Sammlung dessen, was Allah Mohammed über einen Zeitraum von 20 Jahren geoffenbart haben soll. Er wurde im Jahr 650 zusammengestellt, also 18 Jahre nach Mohammeds Tod.
- Angeblich kann es kein von Menschen verfasster Text an sprachlicher Schönheit und Exaktheit mit dem Koran aufnehmen.
- Der Koran besteht aus 114 Kapiteln (den Suren). Sie sind nicht chronologisch angeordnet, sondern nach Länge – von der längsten zur kürzesten Sure.

CHRISTENTUM

Denn das Wort Gottes ist lebendig und wirksam und schärfer als jedes zweischneidige Schwert, und es dringt durch, bis es scheidet sowohl Seele als auch Geist ...

HEBRÄER 4,12

- Die Bibel ist Gottes einzige schriftliche Offenbarung an die Menschen.
- Sie entstand in einem Zeitraum von fast 1600 Jahren, wobei der Heilige Geist über 40 ganz unterschiedliche Verfasser inspirierte.
- Die 66 Bücher des Alten und Neuen Testaments ergeben die einheitliche, zusammenhängende Botschaft Gottes an die Menschheit.
- Die Botschaft der Bibel gilt für alle Orte und Zeiten und ist hochaktuell.

PILGERFAHRT

Und die Menschen sind Gott [Allah] gegenüber verpflichtet, die Wallfahrt nach dem Haus zu machen – soweit sie dazu eine Möglichkeit finden.

SURE 3,97, ÜBERSETZUNG RUDI PARET

ISLAM

- Die Pilgerfahrt (Hadsch) ist eine der fünf «Säulen» des Islam, die (mit wenigen Ausnahmen) von jedem Muslim zu befolgen ist. Sie gilt als reinigend für die Seele.
- Die Muslime unternehmen Pilgerfahrten nach Mekka und anderen heiligen Stätten im heutigen Saudi-Arabien.
- Die Hadsch findet im 12. Monat des muslimischen Mondkalenders statt.
- Vorbereitung und Teilnahme dauern zusammen 10 bis 14 Tage.

Jesus spricht zu ihr: Frau, glaube mir, es kommt die Stunde wo ihr weder auf diesem Berg noch in Jerusalem den Vater anbeten werdet. ... Aber die Stunde kommt und ist schon da, wo die wahren Anbeter den Vater im Geist und in der Wahrheit anbeten werden.

JOHANNES 4,21.23

CHRISTENTUM

- Die Bibel lehrt, dass das ganze Leben des Gläubigen eine Pilgerfahrt ist, eine Reise in den *Himmel.
- Es gibt Christen, die das Heilige Land besuchen, um auf dem Boden zu stehen, über den Jesu Füsse einst gegangen sind.
- Doch solche Besuche können niemanden von seiner Sünde reinigen.
- Jeder, der Christus nachfolgt, ist ein Pilger, der, aus Gnade errettet, Gottes Werk auf dieser Erde vorantreibt.

PROPHETEN

Muhammad [Mohammed] ist nicht der Vater irgendjemandes von euren Männern, sondern Allahs Gesandter und das Siegel der Propheten.

SURE 33,40

ISLAM

- Der Koran lehrt, dass Propheten Männer sind, die Allah erwählt und mit einer Botschaft von ihm zu einem bestimmten Volk oder Stamm geschickt hat.
- Vor Mohammed gab es zahllose andere Propheten.
- Jeder dieser Propheten (einschliesslich Abraham, Mose und Isa [Jesus]) rief sein Volk dazu auf, Allah anzubeten und den Islam zu praktizieren.
- Der letzte und grösste Prophet, den Allah sandte, war Mohammed.

Viele Male und auf verschiedenste Weise sprach Gott in der Vergangenheit durch die Propheten zu unseren Vorfahren. Jetzt aber, am Ende der Zeit, hat er durch seinen eigenen Sohn zu uns gesprochen. Der Sohn ist der von Gott bestimmte Erbe aller Dinge. Durch ihn hat Gott die ganze Welt erschaffen.

HEBRÄER 1,1-2 NGÜ

CHRISTENTUM

- Die Bibel lehrt, dass Gott Propheten mit konkreten Botschaften von ihm betraut.
- Jede wahre Prophetie stammt von Gott selbst.
- Die von den biblischen Propheten angekündigten Ereignisse sind alle eingetroffen bzw. werden noch eintreffen.
- Die alten Propheten wiesen auf Jesus, den kommenden Messias, hin. Sie verherrlichten nicht sich selber.

SATAN

> *Gewiss, der Satan ist euch ein Feind ... Er ruft ja seine Anhängerschaft nur dazu auf, zu den Insassen der Feuerglut zu gehören.*
>
> SURE 35,6

ISLAM

- Satan war einer der Dschinn (vgl. *Engel und Geister). Er war der höchste unter ihnen.
- Allah verfluchte Satan, als dieser sich weigerte, sich vor Adam zu verbeugen.
- Der Koran beschreibt Iblis (Satan) als körperliches Wesen, das aus Feuer erschaffen ist.
- Er hat ein rebellisches Wesen und berührt jeden Menschen bei dessen Geburt, sodass er in seinem Leben Böses tun wird.

> *Seid nüchtern und wacht! Denn euer Widersacher, der Teufel, geht umher wie ein brüllender Löwe und sucht, wen er verschlingen kann.*
>
> 1. PETRUS 5,8

CHRISTENTUM

- Luzifer war einer der höchsten Engel und von besonderer Schönheit und Macht.
- Luzifer, Satan und Teufel sind verschiedene Namen für diesen gefallenen Engel.
- Er wollte sich über Gott erheben, worauf er aus dem Himmel geworfen wurde, zusammen mit anderen Engeln, die seine Anhänger waren.
- Satan ist der Herrscher der von Gott abgefallenen Welt, der die Herzen der Menschen versklaven will. Dafür wird er am Tag des Gerichts seine ewige Strafe bekommen.

SCHARIA

ISLAM

Und (Er hat euch anbefohlen:) Dies ist Mein Weg, ein gerader. So folgt ihm! Und folgt nicht den (anderen) Wegen, damit sie euch nicht von Seinem Weg auseinanderführen! Dies hat Er euch anbefohlen, auf dass ihr gottesfürchtig werden möget!

SURE 6,153

- Das islamische Rechtssystem, das in den meisten islamischen Ländern praktiziert wird, ist unter dem Namen Scharia bekannt.
- Die Scharia basiert auf dem Koran und dem *Hadith.
- Sie regelt sowohl das religiöse als auch das Alltagsleben.
- Die Scharia-Gesetze können sehr hart sein. Beispiele sind: Amputation der Hand für Diebstahl, 80 Peitschenhiebe für Trunkenheit, Tod durch Steinigung für Ehebruch.

CHRISTENTUM

Deinen Willen zu tun, mein Gott, begehre ich, und dein Gesetz ist in meinem Herzen.

PSALM 40,9

- Das Gesetz Gottes ist in das Herz des Christen hineingeschrieben.
- Das Gesetz in der Bibel besteht aus Gottes Geboten für sein Volk.
- Der Christ befolgt das Gesetz Gottes aus Liebe und nicht aus Angst.
- Jesus hat seinen Jüngern geboten, auch die Gesetze ihres Landes, die das bürgerliche Zusammenleben regeln, einzuhalten.

SCHEIDUNG

Wenn er sich (ein drittes, unwiderrufliches Mal) von ihr scheidet, dann ist sie ihm nicht mehr (als Gattin) erlaubt, bevor sie nicht einen anderen Mann geheiratet hat. Wenn dieser sich von ihr scheidet, so ist es keine Sünde für die beiden, zu einander zurückzukehren ...

SURE 2,230

ISLAM

- Im Islam kann ein Ehemann sich von jeder seiner Frauen jederzeit und aus jedem beliebigen Grund scheiden lassen.
- Für eine rechtskräftige Scheidung reicht es aus, dass der Mann seiner Frau mündlich erklärt: «Ich lasse mich von dir scheiden.»
- Will die Frau sich scheiden lassen, braucht sie dazu die Genehmigung ihres Mannes.
- Das Sorgerecht für die Kinder verbleibt nach einer Scheidung allein beim Mann, es sei denn, dieser wünscht eine andere Regelung.

Ich aber sage: Wenn ein Mann sich von seiner Frau scheiden lässt – es sei denn, sie war untreu –, macht er sie zur Ehebrecherin. Und wer eine geschiedene Frau heiratet, begeht ebenfalls Ehebruch.

MATTHÄUS 5,32 NLB

CHRISTENTUM

- Gott hasst die Ehescheidung.
- Die Bibel erlaubt eine Scheidung nur bei ehelicher Untreue.
- Die Scheidung kann von dem Mann oder der Frau ausgehen.
- Nach einer Scheidung sollten möglichst beide Eltern sich um die Erziehung der Kinder kümmern.

SCHICKSAL

Kein Unglück trifft ein auf der Erde oder bei euch selbst, ohne dass es in einem Buch (verzeichnet) wäre, bevor Wir es erschaffen ...

SURE 57,22

ISLAM

- Das Schicksal (Qadar) ist in vielen islamischen Strömungen einer der sechs Glaubensartikel. Es ist das, was Allah von Ewigkeit her für den Einzelnen verordnet hat.
- Die Handlungen und Entscheidungen eines Menschen sind insofern alle «vorprogrammiert».
- Die meisten Muslime setzen mehr auf das Schicksal als auf ihre eigenen Entscheidungen und Initiativen. Immer wieder sagen sie: «Wenn Allah will» oder: «Dies ist mein Schicksal.»
- Es gibt jedoch eine andere Lehre im Koran, die dem Schicksalsglauben widerspricht und nach der der Mensch seine Zukunft durch sein eigenes Handeln bestimmen kann.

Denn ich weiss, was für Gedanken ich über euch habe, spricht der Herr, Gedanken des Friedens und nicht des Unheils, um euch eine Zukunft und eine Hoffnung zu geben.

JEREMIA 29,11

CHRISTENTUM

- Der Glaube an das Schicksal findet sich in der Bibel nicht.
- Die Bibel lehrt, dass der Einzelne Verantwortung für seine Taten trägt.
- Wo die Bibel von «Schicksal» oder «Los» redet, meint sie die Folgen menschlichen Entscheidens und Handelns.
- Gott legt uns den Weg zum Leben und den Weg zum Tod vor; es ist sein Herzenswunsch, dass alle Menschen den Weg des Lebens und des Gehorsams ihm gegenüber wählen.

SCHLEIER

O Prophet, sag deinen Gattinnen und deinen Töchtern und den Frauen der Gläubigen, sie sollen etwas von ihrem Überwurf über sich herunterziehen. Das ist eher geeignet, dass sie [als anständige Frauen] erkannt und so nicht belästigt werden.

SURE 33,59

ISLAM

- Das arabische Wort für «Schleier» (Hidschab) bedeutet wörtlich «Verstecker», «Unsichtbarmacher».
- Der Körper einer Frau ist voll verführerischer Reize. Folglich muss sie ihn vollständig bedeckt halten, um nicht sexuell belästigt zu werden.
- Muslimische Frauen, die sich verschleiern, sind meist von der besonders strengen Sorte. Sie glauben, dass der Hidschab ihre Chancen, ins Paradies zu kommen, erhöht.
- Das Tragen des Hidschab ist ein Zeichen der Unterwerfung unter Allah, den Ehemann und den männlichen Vormund bzw. Beschützer.

Der Herr aber ist der Geist; und wo der Geist des Herrn ist, da ist Freiheit.

2. KORINTHER 3,17

CHRISTENTUM

- Die Bibel weist Frauen an, sich zurückhaltend zu kleiden.
- Es ist absolut nichts Problematisches an dem Körper der Frau. Auch die Frau ist nach Gottes Bild erschaffen.
- Es gibt keine Art, sich zu kleiden, die einer Frau den Himmel garantieren würde.
- Wenn eine Frau eine echte Christin ist, wird sich dies auch an ihrer Kleidung und ihrem ganzen Aussehen zeigen.

SCHÖPFUNG

Sehen denn diejenigen, die ungläubig sind, nicht, dass die Himmel und die Erde eine zusammenhängende Masse waren? Da haben Wir sie getrennt und aus dem Wasser alles Lebendige gemacht.

SURE 21,30

ISLAM

- Der Koran erklärt, dass Allah «aus dem Wasser alles Lebendige gemacht» hat.
- Im Koran variiert die Zahl der Schöpfungstage von vier bis acht bis zu Millionen Jahren.
- Wir erfahren nicht genau, was an welchem Schöpfungstag erschaffen wurde.
- Allah sagt, dass er nach Vollendung seines Schöpfungswerkes nicht müde war.

Durch Glauben verstehen wir, dass die Welten durch Gottes Wort bereitet worden sind, sodass die Dinge, die man sieht, nicht aus Sichtbarem entstanden sind.

HEBRÄER 11,3

CHRISTENTUM

- Gott erschuf die Welt aus dem Nichts.
- In 1. Mose 1–2 finden wir zwei Berichte über die Sechs-Tage-Schöpfung.
- Es wird für jeden Tag detailliert beschrieben, was Gott an ihm erschuf.
- Gott erklärte den siebten Tag zum Ruhetag.

SKLAVE ODER KIND

ISLAM

Allah liebt die Gutes Tuenden.

SURE 5,93

- Die Beziehung des Muslims zu Allah ist die eines Sklaven zu seinem Besitzer.
- Die Zuwendung Allahs zum Gläubigen hängt vollkommen von dessen Verhalten ab.
- Allahs Liebe ist nicht bedingungslos, sondern an die Leistung des Muslims gebunden.
- Allah liebt nicht die ganze Welt.

CHRISTENTUM

Er wird seine Herde weiden wie ein Hirte; die Lämmer wird er in seinen Arm nehmen und im Bausch seines Gewandes tragen; die Mutterschafe wird er sorgsam führen.

JESAJA 40,11

- Die Gottesbeziehung eines Menschen, der Christus nachfolgt, ist die eines Kindes zu seinem Vater.
- Gott liebt alle Menschen, auch die, die nichts von ihm wissen wollen.
- Gott schüttet seine Liebe und seinen Segen über Gute und Böse aus.
- Gott ist derjenige, der zuerst liebt.

SÖHNE ABRAHAMS

Und da er [der Sohn] das Alter erreicht hatte, mit ihm zu arbeiten, sprach er: «O mein Söhnlein, siehe, ich sah im Traum, dass ich dich opfern müsste.»

SURE 37,102, ÜBERSETZT VON MAX HENNING

ISLAM

- Die Muslime behaupten, dass Abraham Ismael und nicht Isaak opferte, obwohl der Koran den Namen des Sohnes nirgends erwähnt.
- Das grösste Fest des Islam ist das Eid al-Adha (Opferfest), das an Abrahams Bereitschaft, Ismael Allah zu opfern, erinnert.
- Abraham und Ismael gingen später gemeinsam nach Mekka, wo sie die Kaaba errichteten. Ismael gilt als Urvater der Araber einschliesslich Mohammed.
- Laut dem Koran war Isaak Abrahams zweiter Sohn und ein Prophet.

Durch Glauben brachte Abraham den Isaak dar, als er geprüft wurde, und opferte den Eingeborenen, er, der die Verheissungen empfangen hatte ...

HEBRÄER 11,17

CHRISTENTUM

- Gott befahl Abraham, ihm seinen geliebten Sohn Isaak zu opfern.
- Gott versprach, Ismael (Abrahams Sohn mit Hagar) zu segnen und zu einem grossen Volk zu machen.
- Ismael liess sich weit entfernt von Abraham nieder. Seine Nachkommen waren die Ismaeliten.
- Abrahams Bereitschaft, Isaak zu opfern, ist ein Vorbild auf Gottes Bereitschaft, seinen einzigen, geliebten Sohn am Kreuz zu opfern.

SOHN GOTTES

Nicht steht es Allah an, einen Sohn zu zeugen.

SURE 19,35, ÜBERSETZT VON MAX HENNING

ISLAM

- Der Koran benutzt den Ausdruck «Sohn Gottes» im physischen Sinne.
- Für den Islam ist der Ausdruck «Sohn Gottes» eine Lästerung.
- Dieser Ausdruck bedeutet für den Islam, dass Isa (Jesus) die Frucht einer sexuellen Beziehung zwischen Gott und Maria war.
- Für den Islam war Isa ein normaler Mensch, der später von den Christen zum Sohn Gottes erklärt wurde.

Denn ein Kind ist uns geboren, ein Sohn ist uns gegeben; und die Herrschaft ruht auf seiner Schulter; und man nennt seinen Namen: Wunderbarer, Ratgeber, starker Gott, Ewig-Vater, Friedefürst.

JESAJA 9,5

CHRISTENTUM

- Für die innige Beziehung zwischen Gott dem Vater und Jesus Christus ist das Wort «Sohn» das Bild, das wir Menschen am besten verstehen können.
- Diese Vater-Sohn-Beziehung ist nicht durch eine Erschaffung oder physische Zeugung entstanden.
- Jesus war von Anfang an bei Gott, ja er war Gott.
- Die Bibel bestätigt die einzigartige Beziehung zwischen Gott dem Vater und seinem Sohn Jesus Christus.

SPENDEN

Und verrichtet das Gebet, entrichtet die Abgabe [Zakat] ...

SURE 2,43

ISLAM

- Das Almosengeben (Zakat) ist eine der fünf «Säulen» des Islam.
- Die Muslime glauben, dass es ihre Seele reinigt und ihren Reichtum mehrt.
- Zu spenden sind 2,5 bis 5 Prozent der Überschüsse, die man in einem Jahr erwirtschaftet hat.
- Der ideale Monat für das Zahlen der Zakat, um anschliessend von Allah belohnt zu werden, ist der Ramadan (vgl. *Fasten: wann und wie?).

Wahrlich, ich sage euch: Diese arme Witwe hat mehr in den Opferkasten gelegt als alle, die eingelegt haben. Denn alle haben von ihrem Überfluss eingelegt; diese aber hat von ihrer Armut alles eingelegt, was sie hatte, ihren ganzen Lebensunterhalt.

JESUS IN MARKUS 12, 43-44

CHRISTENTUM

- Der biblische «Zehnte» bedeutet wörtlich, dass man 10 Prozent seines Einkommens spendet; in der Praxis darf es gerne mehr sein.
- Mit ihren Spenden und Almosen bezeugen Christen ihren Gehorsam und ihre Dankbarkeit gegenüber dem himmlischen Vater.
- Ein Spenden aus reinen Motiven ist eine Art Gottesdienst.
- Jesus lehrte, dass man seine Spenden nicht hinausposaunen soll.

SPRACHEN, IN DENEN GOTT SPRICHT

ISLAM

(Wir haben ihn) als einen arabischen Koran (hinabgesandt), an dem nichts ist, was vom geraden Weg abweichen würde. Vielleicht würden sie gottesfürchtig sein.

SURE 39,28, ÜBERSETZUNG VON RUDI PARET

- Allah hat das Arabische zur Sprache des Islam bestimmt.
- Ein Muslim muss die fünf täglichen Gebete auf Arabisch sprechen, um Allah zu gefallen.
- Der Koran ist in der arabischen Sprache seiner Zeit verfasst, die nach Meinung der Muslime eigentlich nicht übersetzt werden kann.
- Nach dem Tod muss jeder Muslim als Prüfung die Fragen des Engels, vor den er tritt, auf Arabisch beantworten.

CHRISTENTUM

Wenn ich in Sprachen der Menschen und der Engel redete, aber keine Liebe hätte, so wäre ich ein tönendes Erz oder eine klingende Schelle.

1. KORINTHER 13,1

- In der gesamten *Bibel redet Gott zu den Menschen in ihrer Muttersprache.
- Den christlichen Glauben kann jeder Mensch in seiner eigenen Sprache praktizieren.
- Die Bücher der Bibel wurden im Laufe von 1600 Jahren auf Hebräisch, Aramäisch und Griechisch verfasst; ihre Übersetzungen sind genauso wahr wie das Original.
- Gott hat alle Sprachen erschaffen und lässt sich in allen Sprachen anbeten.

SÜNDE

Wen Allah rechtleitet, der ist (in Wahrheit) rechtgeleitet. Wen Er aber in die Irre gehen lässt, das sind die Verlierer.

SURE 7,178

ISLAM

- Sünden gelten im Islam als Fehler, die man korrigieren kann, und nicht als bleibende Vergehen gegen Allah.
- Allah hat den Menschen die Boshaftigkeit eingegeben; daher ihre natürliche Neigung zum Bösen.
- Niemand kann sich frei für das Gute oder Böse entscheiden; diese Entscheidungen hat Allah bereits bei unserer Geburt getroffen.
- Nicht alle Sünden sind gleich. Allah vergibt kleine Sünden und bestraft grosse.

Niemand sage, wenn er versucht wird: Ich werde von Gott versucht. Denn Gott kann nicht versucht werden zum Bösen, und er selbst versucht auch niemand.

JAKOBUS 1,13

CHRISTENTUM

- Die Bibel definiert Sünde eindeutig als Rebellion gegen Gott.
- Sünden gehen nie von Gott aus, sondern immer vom Satan und von der sündigen Natur des Menschen.
- Der Mensch muss sich zwischen Gut und Böse entscheiden. Gottes Liebe drängt die, die an ihn glauben, zum Guten hin.
- Alle Sünden sind gleichermassen strafwürdig, und durch den Glauben an Jesus Christus werden alle Sünden vergeben.

VATER / HERR

> *Niemand in den Himmeln und auf der Erde wird zum Allerbarmer anders denn als Diener kommen (können).*
>
> SURE 19,93

ISLAM

- Der Islam kennt 99 Namen für Allah; kein einziger bezeichnet ihn als Vater.
- Allah ist der Herr. Im Koran redet er die Muslime als Sklaven an.
- Es gilt als unverzeihliche Sünde, Allah irgendwelche menschlichen Eigenschaften zuzuschreiben.
- Er kann auch keine Vatereigenschaften haben. Er braucht keine Kinder; er ist hoch erhaben über alles Irdische.

> *Deshalb sollt ihr auf diese Weise beten: Unser Vater, der du bist im Himmel! Geheiligt werde dein Name.*
>
> MATTHÄUS 6,9

CHRISTENTUM

- *Gott ist ein persönlicher Gott, der sich «himmlischer Vater» nennt.
- Im Alten wie im Neuen Testament bezeichnet die Bibel Gott als Vater.
- Gott erscheint in seinem Wort als jemand mit menschlichen Eigenschaften, sodass die Menschen ihn besser erkennen können.
- Gott bezeichnet die, die an ihn glauben, als seine Kinder, denen er das Vorrecht gibt, ihn «Abba, Vater» zu nennen.

WEIHNACHTEN

Er [der Engel] sagte [zu Maria]: «Ich bin nur der Gesandte deines Herrn, um dir einen lauteren Jungen zu schenken.»

SURE 19,19

ISLAM

- Maryam (Maria) war die Schwester Aarons. Sie war ein Waisenkind, das von Zacharias, dem Vater Johannes des Täufers, aufgezogen wurde.
- Der Engel verkündete ihr, dass sie als Jungfrau einen Sohn gebären würde.
- In der Wüste, unter einer Palme, gebar sie Isa (Jesus, vgl. *Jesus und Isa).
- Als Maryam mit dem kleinen Isa in ihrer Heimatstadt kam, redete er, verteidigte seine Mutter und erklärte, dass er ein Prophet war.

Sie wird aber einen Sohn gebären, und du sollst ihm den Namen Jesus geben, denn er wird sein Volk retten von ihren Sünden.

MATTHÄUS 1,21

CHRISTENTUM

- Maria, die Mutter Jesu, ein Nachkomme Davids, war mit Joseph verlobt.
- Der Engel Gabriel erschien Maria, um ihr anzukündigen, dass der Heilige Geist über sie kommen würde, sodass sie mit dem Sohn Gottes schwanger werden würde.
- Jesus wurde in Bethlehem geboren, von Engeln verkündet und von Hirten und Weisen angebetet.
- Der kleine Jesus wuchs in Nazareth auf, als Sohn Marias und Josephs.

WERKE, GUTE

Und gebt auf Allahs Weg aus ... Und tut Gutes. Allah liebt die Gutes Tuenden.

SURE 2,195

ISLAM

- Zu dem Glauben an Allah, Mohammed und den Koran treten im Islam die guten Werke.
- Zu den guten Werken gehören (unter anderem, aber nicht nur) *Fasten, *Beten, die *Pilgerfahrt und das *Spenden.
- Die guten Werke eines Menschen bestimmen darüber, wer dieser in Allahs Augen ist.
- Gute Werke sind das Zugangstor zur Gunst Allahs.

Weil Gott so gnädig ist, hat er euch durch den Glauben gerettet. Und das ist nicht euer eigener Verdienst; es ist ein Geschenk Gottes. Ihr werdet also nicht aufgrund eurer guten Taten gerettet, damit sich niemand etwas darauf einbilden kann.

EPHESER 2,8-9 NLB

CHRISTENTUM

- Werke sind der natürliche Ausdruck des Glaubens eines Christen.
- Das grosse Fundament der Glaubenspraxis eines echten Christen lautet: «Du sollst deinen Nächsten lieben wie dich selbst.»
- Wer ein Christ in Gottes Augen ist, folgt aus dessen Glauben, und nicht aus dessen guten Werken.
- Es ist völlig unmöglich, sich die Erlösung durch gute Taten zu verdienen.

WIEDERKUNFT JESU UND ISAS

> *Und er [Isa] ist wahrlich Wissen von der Stunde (des Gerichts). So hegt ja keinen Zweifel an ihr ...*
>
> SURE 43,61

ISLAM

- Die Muslime glauben, dass Isa (vgl. *Jesus und Isa) dereinst zurückkommen wird, um die Welt zu richten.
- Nach dem *Hadith wird er als muslimischer Herrscher kommen. Er wird alle Kreuze zerbrechen und alle Schweine töten.
- Er wird dann auch die Christen und Juden zum Islam bekehren.
- Der wiedergekommene Isa wird 40 Jahre lang auf der Erde leben; dann wird er sterben und in Medina neben Mohammed beigesetzt werden.

> *Dieser Jesus, der von euch weg in den Himmel aufgenommen worden ist, wird in derselben Weise wiederkommen, wie ihr ihn habt in den Himmel auffahren sehen!*
>
> APOSTELGESCHICHTE 1,11

CHRISTENTUM

- Jesus wird wiederkommen, um die Lebenden und die Toten zu richten.
- Menschen aus allen Sprachen, Rassen und Religionen werden vor ihm niederfallen.
- Jesus wird alle Menschen aller Zeiten richten, auch die, die nicht an ihn geglaubt haben.
- Jesus wird nie wieder den Tod sehen, sondern auf ewig herrschen.

WUNDER

> *Oder sagen sie: «Er hat ihn [den Koran] ersonnen.» Sag: Dann bringt doch zehn ersonnene Suren bei, die ihm gleich sind, und ruft an, wen ihr könnt, ausser Allah, wenn ihr wahrhaftig seid.*
>
> SURE 11,13

ISLAM

- Wunder sind die Bekräftigung der Echtheit eines Propheten.
- Der Koran bestätigt, dass Mose und Isa (Jesus) Wunder vollbrachten.
- Der Koran sagt klar und deutlich, dass Mohammed keine Wunder vollbrachte.
- Das einzige Wunder, das man mit Mohammed in Verbindung bringt, ist, dass Allah ihm den Koran offenbarte.

> *Die Leute staunten, als sie sahen, dass Stumme redeten, Krüppel gesund wurden, Lahme umhergingen und Blinde sehen konnten, und sie priesen den Gott Israels.*
>
> MATTHÄUS 15,31 NGÜ

CHRISTENTUM

- Gott benutzt Wunder, um zu zeigen, dass seine Hand auf den Propheten liegt.
- Mit Wundern demonstriert Gott seine Macht und zieht Menschen näher zu sich.
- Die Wunder, die Jesus tat, zeigten, dass Gott der Vater ihn gesandt hatte.
- Jesus heilte Kranke, sättigte Hungrige, weckte Tote auf, liess Lahme gehen und Blinde sehen.

DIE ZEHN GEBOTE

> *Und Wir schrieben für ihn [Mose] auf die Tafeln eine Ermahnung in betreff aller Dinge und eine Erklärung für alle Dinge.*
>
> SURE 7,145, ÜBERSETZT VON MAX HENNING

ISLAM

- Allah gab Mose auf Steintafeln geschriebene Gesetze, die Mose an das Volk weitergab.
- Durch den Götzendienst des Volkes erzürnt, warf Mose die Steintafeln hin, aber nahm sie später wieder in die Hand.
- Im Koran gibt es an drei Stellen Kommentare zu den Geboten, die Allah Mose gab.
- Die zehn Gebote im Koran sind nicht dieselben wie die Zehn Gebote in der Bibel.

> *Denn auch durch das Befolgen von Gesetzesvorschriften steht kein Mensch vor Gott gerecht da. Das Gesetz führt vielmehr dazu, dass man seine Sünde erkennt.*
>
> RÖMER 3,20 NGÜ

CHRISTENTUM

- Gott gab Mose die Zehn Gebote, die Mose darauf an die Israeliten weitergab.
- Durch den Götzendienst der Israeliten erzürnt, zerbrach Mose die Steintafeln mit den Geboten.
- In einer erneuten Begegnung mit Gott erhielt er die Zehn Gebote noch einmal.
- Die Zehn Gebote sind das Fundament, auf dem ein Christ ein Leben des Gehorsams gegenüber Gott aufbaut.

ZUR VERTIEFUNG

- Website zur Bibel (Übersetzungen, Auffinden von Bibelstellen): www.bibleserver.com
- Website zum Koran und Hadith (Text, Auffinden von Stellen): www.islamische-datenbank.de
- Website zur Auseinandersetzung mit dem Islam: www.answering-islam.org (deutsche Version, im Aufbau begriffen: www.answering-islam.org/deutsch)

Die folgenden vertiefenden Quellenangaben zu den einzelnen Stichworten folgen jeweils den vier Punkten zu Islam bzw. Christentum.

ABRAHAM

ISLAM

- › Sure 4,125
- › Sure 87,19; 4,163
- › Sure 3,67; 22,78
- › Sure 2,127-128

CHRISTENTUM

- › Römer 4,16
- › 1. Mose 12,1-3
- › Römer 4,17
- › Hebräer 11,8-9

ABROGATION

ISLAM

- › Sure 16,101
- › www.answering-islam.org/Silas/abrogation.htm
- › Sure 2,256 wird aufgehoben durch Sure 9,5, 47,5, 9,29, 8,39, 9,3
- › www.meforum.org/1754/peace-or-jihad-abrogation-in-islam

CHRISTENTUM

- › Jesaja 53
- › Jeremia 31,31-34
- › Matthäus 5,17
- › 2. Timotheus 3,16-17

ADAM

ISLAM

- › Sure 38,71-72
- › Sure 2,34
- › Hadith Sahih al-Buchari 4,543
- › Sure 2,31

CHRISTENTUM

- › 1. Mose 2,7
- › Offenbarung 5,11; 1. Korinther 15,45
- › 1. Mose 1,27
- › 1. Mose 2,19

ADOPTION

ISLAM

- › Sure 33,37-40; Hadith Sahih al-Buchari 9,516
- › Sure 33,4
- › Hadith Sahih al-Buchari 7,25; 6,305
- › Sure 33,5

CHRISTENTUM

- › Epheser 1,5
- › Johannes 1,12
- › Jakobus 1,27; Matthäus 18,5
- › Römer 8,14-16

BETEN: WIE?

ISLAM

- › Sure 5,6
- › Sure 4,43
- › Sure 4,102
- › Sure 12,2

CHRISTENTUM

- › Nehemia 2,4-5; Epheser 6,18
- › Jakobus 4,8
- › Römer 8,26-27

› 1. Könige 8,54; 2. Mose 4,31; 2. Chronik 20,18; Matthäus 26,39; 1. Könige 8,22

BETEN: WIE OFT?

ISLAM

› Hadith Sahih al-Buchari 1,63
› Hadith Sahih al-Buchari 1,345
› Sure 17,78-79; Hadith Sahih al-Buchari 1,500
› Hadith al-Tirmidhi 379

CHRISTENTUM

› Lukas 18,1; Epheser 6,18
› Lukas 11,1-4
› Matthäus 6,9-13
› 1. Thessalonicher 5,16-18

BETEN: WARUM?

ISLAM

› Sure 2,238
› Sure 29,45
› Sure 35,29-30
› Sure 11,114

CHRISTENTUM

› Philipper 4,6-7
› Psalm 148 und 150
› 1. Petrus 5,7; 1. Timotheus 2,1-3
› Psalm 37,7

DIE BIBEL

ISLAM

› Sure 5,46; 3,184
› Sure 3,3; 4,136
› Sure 10,94
› Sure 2,59

CHRISTENTUM

› 2. Petrus 1,20-21
› 2. Timotheus 3,16
› Offenbarung 22,18
› www.answering-islam.org/Bible/index.html

DAS BÖSE

ISLAM

› Sure 3,54
› Sure 4,143; 17,16
› Sure 10,100
› Sure 17,16.21

CHRISTENTUM

› 4. Mose 23,19
› Jakobus 1,13
› Johannes 3,16; Römer 5,8
› 1. Johannes 1,5

DREIEINIGKEIT

ISLAM

› Sure 112,1
› Sure 4,171
› Sure 5,116
› Sure 5,73

CHRISTENTUM

› 5. Mose 6,4
› Galater 4,4-6
› Matthäus 3,16-17
› Johannes 1,1; Markus 9,7

DSCHIHAD (ALS HEILIGER KRIEG)

ISLAM

- Sure 2,216
- Sure 47,4
- Sure 8,39
- www.answering-islam.org/Gilchrist/Vol1/4b.html

CHRISTENTUM

- Römer 13,1-7
- 5. Mose 12,29-31
- 1. Chronik 22,7-10
- Lukas 6,27-28

DSCHIHAD (ALS INNERES BEMÜHEN)

ISLAM

- Sure 22,78
- Sure 29,6
- Sure 25,52
- Sure 49,15

CHRISTENTUM

- Johannes 3,30
- Römer 12,1-2
- Jakobus 1,2-4
- Galater 5,24-25

EHE: DEFINITION

ISLAM

- Sure 4,3
- Hadith Abu Dawud 848-849
- Sure 4,4
- Hadith Sahih al-Buchari 7,4

CHRISTENTUM

- 1. Mose 2,24
- Maleachi 2,14
- Epheser 5,25
- Hebräer 13,4; 1. Korinther 7,7-8

EHE: POLYGAMIE

ISLAM

- Sure 4,3
- Sure 4,24
- Sure 4,24; 24,33
- Sure 33,50

CHRISTENTUM

- Markus 10,6-9
- 1. Mose 4
- Matthäus 19,6
- 4. Mose 20,12; 1. Samuel 2,12-36

EHE: BEZIEHUNG ZWISCHEN DEN PARTNERN

ISLAM

- Hadith Sahih al-Buchari 1,301
- Sure 3,14
- Sure 2,223
- Sure 4,34

CHRISTENTUM

- Epheser 5,25
- Epheser 5,28
- Kolosser 3,19
- 1. Petrus 3,7

ENGEL UND GEISTER

ISLAM

- Sure 72,1-2; 34,12
- Sure 15,27
- Hadith Muslim 2996
- Sure 66,6

CHRISTENTUM

- Galater 3,19
- Psalm 34,8
- Offenbarung 7,11
- Offenbarung 12,7-9
- Jakobus 2,18
- Johannes 3,16

ERBSÜNDE

ISLAM

- Sure 17,15
- Sure 2,37; 39,53; 35,18
- Hadith Sahih al-Buchari 4,506
- Sure 17,21; 2,177

CHRISTENTUM

- Römer 5,12
- Römer 3,23; Psalm 51,7
- 1. Petrus 5,8; 2. Korinther 11,3
- Römer 6,23

ERLÖSUNG

ISLAM

- Sure 39,74
- Sure 18,107; 2,81
- Sure 21,47
- Sure 19,71

CHRISTENTUM

- Römer 10,9-13
- Johannes 14,6

EVA

ISLAM

- Sure 4,1; Hadith Sahih al-Buchari 4,547-548
- Sure 7,189
- Hadith Sahih al-Buchari 4,548
- Hadith Sahih al-Buchari 4,547

CHRISTENTUM

- 1. Mose 1,26-28
- 1. Mose 2,18
- 1. Mose 2,21-22
- 1. Mose 3

DAS EVANGELIUM

ISLAM

- Sure 5,46
- Sure 7,157
- Sure 2,75; 3,78
- www.answering-islam.org/Quran/Contra/injil_israel.html

CHRISTENTUM

- 1. Timotheus 3,16
- Galater 1,11
- Lukas 24,44
- Lukas 1,1-4; 1. Korinther 15,1

FASTEN – WARUM?

ISLAM

- Sure 2,183
- Sure 2,185
- Sure 2,183
- Sure 33,35; 4,146

CHRISTENTUM

- Psalm 35,13
- Lukas 2,37
- Matthäus 6,16-18
- Apostelgeschichte 4,12; Johannes 14,6

FASTEN: WANN UND WIE?

ISLAM

- Sure 2,185
- Hadith Sahih al-Buchari 3,175
- Sure 2,187
- Sure 2,187

CHRISTENTUM

- Matthäus 6,16-18
- Psalm 69,11; Apostelgeschichte 14,23; Daniel 10, Matthäus 4, Lukas 2
- Matthäus 4,2
- Daniel 10,2-3

FRAUEN: IHRE BEZIEHUNG ZU DEN MÄNNERN

ISLAM

- Sure 4,34
- Sure 2,228; Hadith Sahih al-Buchari 1,28; 4,548
- Hadith Sahih al-Buchari 1,301
- Hadith Abu-Dawud 2078, 2080

CHRISTENTUM

- 1. Mose 1,27
- Galater 3,26-29
- Apostelgeschichte 9,36-38
- Apostelgeschichte 1,8

FRAUEN: IHRE ERLÖSUNG

ISLAM

- Hadith Sahih al-Buchari 1,28
- Sure 33,33
- Hadith Sahih al-Buchari 7,121
- Sure 38,52; 56,17

CHRISTENTUM

- Johannes 6,40
- Galater 3,26-29
- Epheser 5,22
- Römer 10,13

FRAUEN: WAS IHR ZEUGNIS TAUGT

ISLAM

- Sure 2,282
- Hadith Sahih al-Buchari 3,826
- Sure 4,11
- Sure 4,548

CHRISTENTUM

- Markus 16,9-10
- Matthäus 12,49-50
- Psalm 103,13
- Philipper 4,3; Römer 8,17

GLAUBENSBEKENNTNIS

ISLAM

- Sure 3,18; 63,1
- Sure 12,2
- Sure 2,39; Hadith Sahih al-Buchari 9,37
- www.answering-islam.org/Index/S/shahada.html

CHRISTENTUM

- Römer 10,9-10
- Epheser 2,8-9
- Johannes 1,12-13; Römer 10,9-10
- Johannes 3,16

GOTT

ISLAM

- Sure 1,1-2
- Sure 112,1-3
- Sure 2,106
- Sure 39,52; 2,186

CHRISTENTUM

- 2. Mose 3,14
- Johannes 3,16
- Psalm 119,89; Maleachi 3,6; Johannes 1,1-3
- Römer 8,15.23

GOTTESDIENSTTAG

ISLAM

- Sure 62,9
- Hadith Abu-Dawud 400
- Hadith Muslim 417
- Sure 62,9

CHRISTENTUM

- 1. Mose 2,2-3
- Markus 2,27
- Markus 16,9
- Johannes 20,19; Apostelgeschichte 20,7

HADITH

ISLAM

- www.answering-islam.org/Index/H/hadith.html
- www.answering-islam.org/Index/H/hadith.html
- Sure 7,158
- www.answering-islam.org/Silas/indexintro.htm

CHRISTENTUM

- Markus 7,13
- 1. Korinther 2,14
- Johannes 14,25-27
- 1. Timotheus 1,15; 1. Korinther 12,13

HALAL UND HARAM

ISLAM

- Sure 5,1
- Sure 5,3
- Sure 2,173
- Sure 3,104

CHRISTENTUM

- 1. Korinther 8,13
- 3. Mose 11; 5. Mose 14

- 1. Timotheus 4,4
- Markus 2,13-17

HIMMEL

ISLAM

- Sure 78,31-36
- Sure 52,19-20
- Hadith Sahih al-Buchari 6,402
- Sure 75,21-23; Hadith Sahih al-Buchari 1,770

CHRISTENTUM

- Johannes 14,2
- Philipper 3,20-21
- Matthäus 22,30
- Offenbarung 4

HÖLLE

ISLAM

- Sure 33,64
- Sure 35,36-37
- Sure 19,71
- Hadith Muslim 1139

CHRISTENTUM

- 2. Thessalonicher 1,8-9
- Matthäus 13,42
- Hebräer 10,26-27
- Philipper 1,22-24; 2. Korinther 5,8

JERUSALEM

ISLAM

- Sure 17,1
- Sure 17,1
- Hadith Sahih al-Buchari 4,429; 5,227
- Sure 17,1

CHRISTENTUM

- www.theopedia.com/Proof_texting
- Lukas 19,28-47
- Josua 15,63; Richter 1,21; 2. Samuel 5,6-10; 7,1; 5. Mose 12,10
- Sacharja 12,1-14

JESUS UND ISA

ISLAM

- Sure 43,59
- Sure 9,30
- Sure 3,49
- Sure 4,157

CHRISTENTUM

- Johannes 1,1
- Matthäus 16,16; 4,1-11
- Matthäus 8,16; Johannes 11,1-44
- Matthäus 27,27-56; Markus 15,21-38; Lukas 23,26-49; Johannes 19,16-37

JESUS UND MOHAMMED

ISLAM

- Clinton Bennett, In Search of Muhammad (New York: Continuum International Publishing Group, 1998), S. 18-19.
- Hadith Sahih al-Buchari, Buch 1

› Sure 4,13-14; 3,32, 64,12; 5,92
› Sure 33,21; 24,54

CHRISTENTUM

› 1. Mose 3,15; Jesaja 53; Matthäus-, Markus-, Lukas-, Johannesevangelium
› Lukas 1,3
› Johannes 14,6
› Johannes 10,30

DAS KREUZ

ISLAM

› Sure 4,157
› Sure 4,158
› www.answering-islam.org/authors/adams/crucifixion_confusion.html
› Sure 3,55

CHRISTENTUM

› Hebräer 7,26; 1. Petrus 2,22; 1. Korinther 15,3-4
› Johannes 10,17-18
› 1. Korinther 15,17-19

KUNST

ISLAM

› Hadith Sahih al-Buchari 3,428
› Hadith Sahih al-Buchari 4,448
› Hadith Sahih al-Buchari 9,646
› www.metmuseum.org/toah/hd/geom/hd_geom.htm

CHRISTENTUM

› 2. Mose 20,23
› 1. Mose 1,31
› Matthäus 25,14-30
› 1. Korinther 10,31

LÜGEN

ISLAM

› Sure 2,225
› Sure 5,89
› Sure 16,106
› Hadith Sahih al-Buchari 3,857

CHRISTENTUM

› Matthäus 5,37
› Offenbarung 22,15
› Matthäus 12,31
› Johannes 8,44

MARTYRIUM

ISLAM

› Sure 2,216; 61,11; 2,244
› Sure 9,111
› Sure 4,74
› Sure 4,69-73

CHRISTENTUM

› 1. Johannes 3,16
› 2. Korinther 12,10; Apostelgeschichte 6 und 7
› Römer 6,23
› Epheser 2,8-9

OFFENBARUNG, SCHRIFTLICHE

ISLAM

› Sure 48,29
› www.answering-islam.org/Quran

- Sure 56,77-79
- www.answering-islam.org/Quran

CHRISTENTUM

- 2. Timotheus 3,16
- www.truthnet.org/Bible-Origins/
- www.answersingenesis.org/articles/am/v6/n2/unity-bible
- Hebräer 4,12; Psalm 33,11; 93,5; 119,89

PILGERFAHRT

ISLAM

- Sure 3,97; Hadith Sahih al-Buchari 2,596
- Sure 2,196
- Sure 2,197
- Sure 2,198-201

CHRISTENTUM

- Hebräer 11,13
- Beispiele für Orte, wo Jesus war: Markus 11,1-11
- Johannes 4,12-13
- Psalm 119,54; Hebräer 11,12-14

PROPHETEN

ISLAM

- Sure 2,213
- Sure 23,23
- Sure 2,136
- Sure 33,40

CHRISTENTUM

- 1. Samuel 3; 2. Mose 3
- 5. Mose 18,19-22
- Jeremia 28,9
- 1. Johannes 4,1-3

SATAN

ISLAM

- Sure 38,76; 15,27
- Sure 17,61; 18,50
- Sure 38,76
- Hadith Sahih al-Buchari 4,641

CHRISTENTUM

- Hesekiel 28,13-19
- 1. Petrus 5,8; Lukas 10,17-19
- Jesaja 14,12-17
- Lukas 4,1-7; Johannes 12,31

SCHARIA

ISLAM

- www.light-of-life.com/eng/answer/a4990efm.htm
- Sure 6,153; 33,36
- Sure 5,101
- Sure 24,2

CHRISTENTUM

- Römer 2,14-16
- Römer 7,12
- 1. Johannes 5,3
- Lukas 20,25

SCHEIDUNG

ISLAM

- Sure 4,34-35
- Hadith Muslim 706

- › Sure 65,1-2; 2,229
- › www.expertlaw.com/library/family_law/islamic_custody-3.html#80

CHRISTENTUM

- › Maleachi 2,16
- › Matthäus 5,32
- › 1. Korinther 7,15
- › Sprüche 22,6

SCHICKSAL

ISLAM

- › Sure 57,22
- › Sure 6,125
- › Sure 18,23-24
- › Sure 6,48-49

CHRISTENTUM

- › Jakobus 5,16
- › Psalm 49,14
- › Sprüche 6,32
- › 5. Mose 30,19; Römer 6,6-7

SCHLEIER

ISLAM

- › Hadith Sahih al-Buchari 1,148
- › Sure 24,31
- › Sure 33,59
- › Sure 33,32-33

CHRISTENTUM

- › 1. Timotheus 2,9
- › 1. Mose 1,27
- › 2. Korinther 3,16-17
- › Jakobus 1,21-25

SCHÖPFUNG

ISLAM

- › Sure 21,30
- › Sure 7,54; 70,4; 22,47; 41,9-12
- › Sure 79,27-33
- › Sure 50,38

CHRISTENTUM

- › 1. Mose 1,1; Hebräer 11,3
- › 1. Mose 1 und 2
- › 1. Mose 1 und 2
- › 1. Mose 2,2

SKLAVE ODER KIND

ISLAM

- › Sure 39,10
- › Sure 2,195
- › Sure 19,96
- › Sure 3,32; 9,5; 9,29

CHRISTENTUM

- › 1. Johannes 3,1
- › 1. Johannes 4,10
- › Matthäus 5,45
- › Titus 3,5

SÖHNE ABRAHAMS

ISLAM

- › Sure 37,99-106
- › Sure 37,107
- › Sure 2,127
- › Sure 14,39

CHRISTENTUM

- › 1. Mose 22,2
- › 1. Mose 17,20-21

› 1. Mose 21,20-21; 25,12-18
› Hebräer 11,17

SOHN GOTTES

ISLAM

› Sure 19,35; 23,91
› Sure 4,171; 37,152
› Sure 10,68; 6,101
› Sure 9,30

CHRISTENTUM

› Jesaja 9,5-6
› Lukas 1,34
› Johannes 1,1
› Matthäus 3,17; 17,5

SPENDEN

ISLAM

› Sure 2,43
› Sure 5,12; 9,103
› Hadith Sahih al-Buchari 2,534
› Hadith Muslim 51; Hadith Sahih al-Buchari 2,585

CHRISTENTUM

› 3. Mose 27,30-32
› Sprüche 3,9-10
› 2. Korinther 9,7
› Matthäus 6,4

SPRACHEN, IN DENEN GOTT SPRICHT

ISLAM

› Sure 12,2
› Sure 20,113
› Sure 44,58
› Hadith Ibn Majah: Zuhd 32; Hadith Ahmad Ibn Hanbal: Musnad 3 und 40

CHRISTENTUM

› Apostelgeschichte 2,8-11
› Markus 16,15-16
› Matthäus 24,14
› Offenbarung 5,9

SÜNDE

ISLAM

› Sure 25,70
› Sure 91,7-8
› Sure 7,178
› Sure 24,33; 4,24; 2,225

CHRISTENTUM

› Hebräer 3,8; 1. Mose 4,6-7
› Jakobus 1,13
› Josua 24,15; 5. Mose 30,19
› Jakobus 2,10

VATER / HERR

ISLAM

› Hadith Sahih al-Buchari 8,419
› Sure 19,93
› Sure 4,48
› Sure 112,3

CHRISTENTUM

› Matthäus 5,48; 6,9
› 5. Mose 32,6
› Klagelieder 2,11; Lukas 13,34
› Römer 8,15

WEIHNACHTEN

ISLAM

- Sure 3,37
- Sure 19,16-21
- Sure 19,23
- Sure 19,30-33

CHRISTENTUM

- Lukas 3,23-38
- Lukas 1,28-32
- Lukas 2,1-21; Micha 5,1
- Lukas 2,39-40

WERKE, GUTE

ISLAM

- Sure 99,6-8
- Sure 2,177
- Sure 5,55
- Sure 2,195

CHRISTENTUM

- Jakobus 2,26
- Markus 12,31
- Römer 10,9; Epheser 2,8-9
- Römer 5,1

WIEDERKUNFT JESU UND ISAS

ISLAM

- Sure 43,61
- Hadith Sahih al-Buchari 3,425
- Sure 4,159
- Hadith Abu-Dawud 2025

CHRISTENTUM

- 1. Timotheus 4,1; Johannes 5,22
- Philipper 2,10
- 2. Korinther 5,10; Matthäus 19,28-30
- Jesaja 9,6; Apostelgeschichte 1,11

WUNDER

ISLAM

- Sure 6,109; 29,50
- Sure 17,101; 3,49
- Sure 10,20
- Sure 26,190-195

CHRISTENTUM

- 1. Könige 18
- 2. Mose 5; Psalm 77,12-15
- Johannes 5,36
- Matthäus 4,23; 14,15-21; Lukas 7,12-16

DIE ZEHN GEBOTE

ISLAM

- Sure 7,145
- Sure 7,150-154
- Sure 6,151-153; 17,23-29
- Sure 17,23-29

CHRISTENTUM

- 2. Mose 20
- 2. Mose 32,19
- 2. Mose 34,1
- Lukas 10,25-37; Römer 2,13; Galater 3,24